AF310685

LA CONSTITUTION DE 1852

Paris. — Imprimerie L. Poupart-Davyl, rue du Bac, 30.

LA

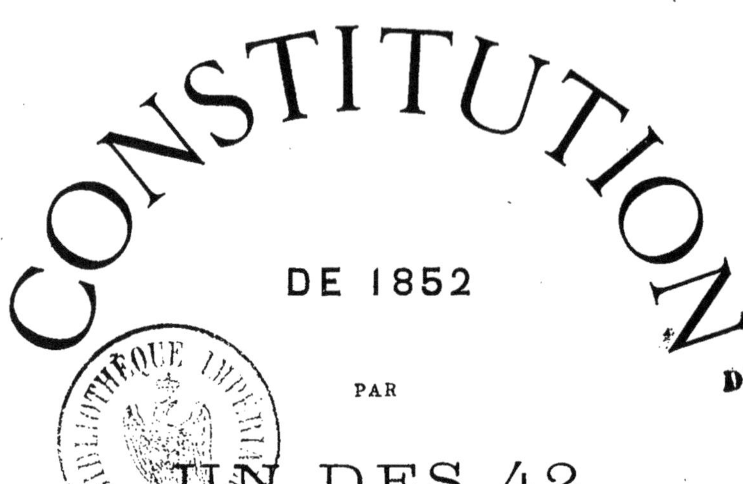

CONSTITUTION

DE 1852

PAR

UN DES 42

> Une Constitution est l'œuvre du temps :
> on ne saurait laisser une trop large voie
> aux améliorations.
>
> NAPOLÉON Ier.

PARIS

LIBRAIRIE INTERNATIONALE

15, BOULEVARD MONTMARTRE

A. LACROIX, VERBOECKHOVEN ET Cⁱᵉ, ÉDITEURS

A Bruxelles, à Leipzig et à Livourne

1867

TOUS DROITS DE TRADUCTION ET DE REPRODUCTION RÉSERVÉS

LA CONSTITUTION DE 1852

PROLÉGOMÈNES

L'ancien régime ne reconnaissait au peuple qu'un vain droit de remontrance ou d'avis, remontrance ou avis dont il était loisible au gouvernement de ne tenir aucun compte, droit intermittent, souvent laissé en oubli pendant de longues années.

Depuis la révolution de 1789, au contraire, toutes nos constitutions républicaines ou monarchiques ont répudié ce principe de l'ancien régime, que le *dernier mot* doit rester au Gouvernement. Toutes ont rendu l'avis des gouvernés obligatoire pour le Gouvernement, toutes ont réservé le vote de l'impôt aux mandataires de la nation, c'est-à-dire assuré, en cas de dissentiment, *le dernier mot*, non plus au Gouvernement, mais à la nation.

Qu'est-ce donc aujourd'hui qu'une constitution politique? Rien autre chose que la détermination des formes que la volonté de la nation, *obligatoire pour le Gouvernement*, doit revêtir pour se manifester légalement.

Le premier but d'une constitution doit être, par conséquent, d'assurer la sincérité de la manifestation légale de

la volonté de la nation, en garantissant le plus complétement possible et la liberté des citoyens et la liberté
d'émission des opinions diverses qui se partagent les
esprits.

Et si la liberté des citoyens n'est pas entière, si la lumière ne peut jaillir sans cesse du choc des idées librement émises, librement défendues ou combattues, sera-t-il
permis d'affirmer que la valeur et la sincérité des mani-
festations légales de la volonté nationale sont incontestables?

L'idéal d'une constitution politique est donc le mécanisme gouvernemental qui laisse le jeu le plus libre à
toutes les individualités, à toutes les idées, à l'élaboration de la pensée collective, à la formation de l'opinion
publique, et enfin à la manifestation légale de la volonté
consciente et raisonnée du pays.

Toutes les constitutions se sont plus ou moins écartées
de cet idéal théorique; mais une vérité incontestable,
c'est qu'une constitution n'a point, par elle-même, une
efficacité virtuelle et nécessaire; c'est qu'il importe peu
qu'une constitution soit plus ou moins imparfaite, que ses
rouages soient agencés avec une science plus ou moins
grande; car cette constitution ne vaudra jamais que ce que
vaut le milieu social dans lequel elle sera appelée à fonctionner, que ce que vaut la main qui la mettra en œuvre
dans ce milieu.

S'il en était autrement, il faudrait soutenir, contre la
vérité même des faits, que les dix ou douze organisations
constitutionnelles adoptées successivement par la France
depuis 1789 ont péri d'épuisement, par suite d'un vice
organique ou d'une imperfection dans l'agencement de
leurs rouages divers, alors qu'elles ont toutes été empor-
tées pleines de vie, soit par une insurrection triomphante,
soit par un coup d'État heureux; s'il en était autrement

enfin, la constitution de 1852 aurait conduit le peuple français au point où l'avait amené son aînée, la constitution de l'an VIII, tandis que son développement progressif et libéral est la preuve vivante que tant valent la nation et son chef, tant vaut la constitution sous l'empire de laquelle ils vivent.

Quelle que soit, à d'autres points de vue, la valeur intrinsèque de la constitution de 1852, comparée à celle des constitutions qui l'ont précédée, elle a sur ses devancières cette supériorité incontestable de laisser aux améliorations la voie largement ouverte, de n'avoir pas enfermé les destinées de la France dans un cercle infranchissable, de s'être déclarée elle-même essentiellement et perpétuellement modifiable et perfectible.

Cette sage et prévoyante déclaration, le chef de l'État ne s'est pas borné à l'écrire dans la constitution rédigée par lui en vertu des pouvoirs que le peuple lui avait délégués en 1851, il n'a cessé de développer nos institutions *dans le sens de la liberté*, si bien qu'aujourd'hui *il ne reste presque plus rien de la constitution primitive.*

Et dans cette voie féconde, suivie par le souverain pour développer progressivement et libéralement les institutions de 1852, pour rendre chaque jour à la nation une part plus grande dans la direction de ses affaires, le plus grand acte a été un acte spontané de son initiative, le décret du 24 novembre 1860.

Les députés ont repris toute l'importance du rôle qui convient aux mandataires élus d'une nation grande et libre ; mis en présence d'un des ministres de l'Empereur, chargé de justifier et de défendre devant eux les actes du Gouvernement, ils peuvent désormais, grâce au droit d'adresse, formuler en pleine connaissance de cause le jugement qu'ils portent sur ces actes du Gouvernement, et se faire les interprètes des vœux du pays dont ils sont l'organe (1).

En 1860, les ombres du passé envahissaient de plus en plus déjà le souvenir lointain des jours troublés de 1848 ; l'heure était venue pour le Gouvernement de renoncer à cette concentration de pouvoirs que la nation avait consentie en des temps difficiles. C'est alors que l'Empereur, avec une sagesse et un à-propos qu'on ne saurait contester, a donné à la France le décret du 24 novembre 1860.

Ce décret sauveur (2) a été accueilli avec joie et reconnaissance par le pays tout entier ; la nation l'a considéré comme une vivante affirmation de la stabilité progressive des institutions impériales, et elle y a vu la preuve que ces institutions, après avoir résisté aux dures épreuves de la guerre, allaient à l'avenir retremper leur vitalité puissante aux sources fécondes de la paix et de la liberté.

En 1863, l'Empereur disait à la chambre qui allait siéger pour la dernière fois :

« Il reste beaucoup à faire pour perfectionner nos institutions, répandre les idées vraies, accoutumer le pays à compter sur lui-même. Dites à vos concitoyens que je serai prêt sans cesse à accepter tout ce qui est de l'intérêt du plus grand nombre...

« Qu'ils envoient à la nouvelle chambre des hommes qui, comme vous, *acceptent sans arrière-pensée le régime actuel...* des hommes qui, animés de l'esprit de l'époque et d'un véritable patriotisme, *éclairent dans leur indépendance la marche du Gouvernement* et n'hésitent jamais

---

(1) « Je veux connaître l'opinion du pays par l'organe de ses députés. »
(Paroles de l'Empereur au conseil des ministres en 1860.)
(2) « Quand l'Empereur a rendu cet immortel décret que j'appelle un décret sauveur, qui, à mon avis, a sauvé l'Empereur, le pays et la dynastie. »
(Marquis de Boissy. — Séance du 15 juillet 1866.)

à placer au-dessus d'un intérêt de parti la stabilité de l'État et la grandeur de la patrie. »

Et le 7 mai 1863, à la veille des élections et avant de se séparer de la chambre qui allait mourir dans quelques instants, M. de Morny lui disait :

« Un gouvernement sans contrôle et sans critique est comme un navire sans lest. L'absence de contradiction aveugle et égare quelquefois le pouvoir et ne rassure pas le pays. *Nos discussions ont plus affermi la sécurité que ne l'eût fait un silence trompeur.* »

Et il lui rappelait que :

« Les institutions impériales *sont développées graduellement* par l'Empereur lui-même, *dans le sens de la liberté.* »

Aussi, lorsque le scrutin s'est ouvert, quelques jours plus tard, beaucoup de ceux qui jusqu'alors s'étaient tenus à l'écart sont venus prendre part aux grandes assises nationales, soit comme électeurs, soit comme candidats à la députation. En effet, les citoyens, soit qu'ils fussent venus dès le premier jour se ranger sous la bannière impériale et voulussent seulement la paix, soit qu'ouvriers de la dernière heure ils voulussent en même temps et la paix et la liberté, avaient tous désormais un but commun. Ils voulaient, à l'abri des institutions impériales, marcher ensemble dans la voie ouverte par le décret du 24 novembre, voie féconde, aboutissant à la paix et à la liberté, c'est-à-dire à la prospérité générale.

Cette croyance à la réalisation prochaine des libertés promises était presque générale au moment des élections des 31 mai et 1er juin 1863 (1); elle n'a pas été étrangère

____

(1) Voici comment s'exprimait un des candidats *officiels* dans sa profession de foi en 1863 :

« Convaincu que vos vœux se réunissent *pour la réalisation prochaine* des

au succès de plus d'un candidat officiel et au mien, entre autres.

Le souvenir de l'impression produite autour de moi par cette croyance ne s'est pas effacé de ma mémoire, et il ramène au bout de ma plume ces quelques lignes de la circulaire que j'adressais alors aux électeurs qui m'ont fait l'honneur de me choisir pour les représenter au Corps législatif :

« L'extension d'attributions accordée au Corps législatif, la publicité donnée à ses débats et à ceux du Sénat ont montré que le pays est entré dans une période *de calme et d'apaisement* qui effacera *bientôt* ces dernières traces des luttes et des discordes du passé. Si des besoins nouveaux viennent à se révéler, n'oublions pas d'ailleurs que la constitution impériale *est un cadre qui peut s'élargir sans se briser*, et que, loin de fermer la porte aux perfectionnements, elle a laissé un libre accès aux sages progrès, aux légitimes aspirations. »

Le calme et l'apaisement de 1860 et de 1863 ont-ils cessé de progresser? Bien loin de là, car à l'ouverture de la dernière session, le 22 janvier 1866, l'Empereur nous disait « que *le calme*, qui n'avait cessé de régner, lui avait permis de quitter la France pour aller visiter l'Algérie ; que les élections municipales avaient mis en mouvement des millions de citoyens *sans que l'ordre fût troublé un seul instant;* que nos institutions enfin fonc-

---

promesses de liberté faites par l'Empereur, vous pouvez être assurés qu'au besoin je saurai en apporter l'expression à Sa Majesté même et que dans l'accomplissement de mon mandat législatif, je ne cesserai de travailler à *leur prompte réalisation.* »

Le candidat officiel qui parlait ainsi fut élu; mais en 1866, il ne crut pas devoir nous suivre, mes quarante et un collègues et moi, dans la voie libérale, et cédant à un sentiment de louable délicatesse, au moment même du vote sur l'amendement des quarante-deux, il donna sa démission, afin de faire renouveler son mandat par les électeurs qui l'avaient nommé en 1863.

tionnaient *au milieu des populations confiantes et satis-
faites.* »

N'était-ce pas le moment de faire un second pas dans
la voie libérale ouverte plus de cinq ans auparavant
par le décret du 24 novembre 1860? N'était-ce pas
l'heure propice pour ramener aux extrémités la vie
exubérante au centre, en développant les libertés communales et départementales, l'heure propice pour vivifier
et éclairer par les libertés politiques les libertés écono-
miques qui, sans les premières, menacent de rester stériles ou même de devenir dangereuses? Plusieurs de mes
collègues et moi, nous le pensions; aussi, lors de la discussion de l'adresse, avons-nous cru devoir faire connaître au Gouvernement les aspirations que nous voyions
se manifester autour de nous, et interprètes légaux de
la revendication libérale du pays, nous avons formulé
respectueusement ce que nous estimions être le minimum
des vœux de la nation.

Le dernier paragraphe de l'adresse commençait ainsi :

« La paix au dehors, l'ordre et l'activité au dedans,
attestent à la fois la salutaire initiative de votre Gouvernement et la confiance du pays dans la stabilité de
nos institutions, dont les bases reposent sur le vote libre
et solennel du peuple français.

« Cette stabilité n'a rien d'inconciliable avec le sage
progrès de nos libertés, — vous l'avez déjà prouvé, Sire,
et le passé répond de l'avenir. »

Nous proposions, quarante et un de mes collègues et
moi (1), de développer et de préciser ainsi la pensée *indi-
quée* dans cette dernière phrase :

« Cette stabilité n'a rien d'incompatible avec le sage

---

(1) Avaient signé l'amendement et l'ont voté :
MM. Buffet, Chevandier de Valdrôme, Garnier, Martel, de Talhouet, Mau-

progrès de nos institutions. La France, fermement attachée à la dynastie qui lui garantit l'ordre, ne l'est pas moins à la liberté, qu'elle considère comme nécessaire à l'accomplissement de ses destinées. Aussi le Corps législatif croit-il aujourd'hui être l'interprète du sentiment public en apportant aux pieds du trône le vœu que Votre Majesté donne au grand acte de 1860 les développements qu'il comporte. Une expérience de plus de cinq années nous paraît en avoir démontré la convenance et l'opportunité. La nation, plus intimement associée par votre libérale initiative à la conduite de ses affaires, envisagera l'avenir avec une entière confiance. »

Cet amendement, combattu par l'éternelle fin de non-recevoir de l'inopportunité, fut repoussé par la Chambre par 202 voix contre 60.

Ce n'est pas ici le lieu de soulever de nouveau cette question d'inopportunité, bien que ma conviction soit qu'en formulant cette revendication libérale, nous ne devancions pas d'un seul jour les exigences de l'opinion publique. Mais nous ne nous contentions pas de demander qu'on se remît en marche après cinq ans d'immobilité,

---

rice Richard, de Chambrun, Lambrecht, Jules Brame, de Janzé, Lespérut, d'Andelarre, Ancel, Plichon, de Dalmas, de Ravinel, Eschasseriaux, de Rambourgt, Réguis, Kolb-Bernard, Latour-du-Moulin, Lacroix-Saint-Pierre, de Grouchy, Hallez-Claparède, Gellibert des Seguins, Lefébure, Lebreton, Stiévenart-Béthune, Goerg, Planat, Malézieux, Javal, de Wendel, de Torcy, Lubonis, de Grammont, de Tillancourt, de Richemont, Piéron-Leroy, Clary, de Plancy, Gorsse.

L'ont voté sans l'avoir signé :

MM. Barrillon, Bertrand, Bethmont, Darimon, Dorian, Girot-Pouzol, Glais-Bizoin, Guéroult, Havin, Hénon, Lanjuinais, Le Clerc d'Osmonville, Magnin, Marie, Marmier, Ollivier, Picard, Thiers.

Ensemble, soixante voix.

Se sont abstenus :

MM. Berryer, Bucher de Chauvigné, Carnot, Cazelles, du Couëdic, Garnier-Pagès, Jules Favre, de Jaucourt, de Kervéguen, de Parieu, Pelletan, Jules Simon, Taillefer.

l'amendement des quarante-deux avait une autre portée,
il était l'affirmation de la conciliabilité du pacte fondamental avec la liberté.

C'est cette affirmation capitale que je vais justifier par
l'étude de la constitution qui nous régit ; et, si je ne me
trompe, de l'examen de la constitution de 1852 et des
développements qu'elle a reçus il se dégagera pour le
lecteur cette vérité tutélaire que, si la liberté n'a pas été
la base de notre édifice politique, elle peut et doit le couronner, aujourd'hui que le temps l'a consolidé (1), car *nos
institutions constitutionnelles ne sont incompatibles avec
aucune des libertés affirmées en* 1789.

DE JANZÉ, député.

Paris, 15 janvier 1867.

---

(1) « A ceux qui regretteraient qu'une part plus large n'ait pas été faite à la
liberté, je répondrai : « La liberté n'a jamais été la base d'un édifice politique
« durable : elle le couronne quand le temps l'a consolidé. »
                                        (Discours de l'Empereur en 1853.)

ORIGINES DE LA CONSTITUTION DE 1852

Une constitution est l'œuvre du temps, disait Napoléon Ier, et Napoléon III, qui rappelle ces paroles dans la
proclamation au peuple français qui sert de préambule à
la constitution sous l'empire de laquelle nous vivons aujourd'hui, n'a pas improvisé, n'a pas créé tout d'une pièce
cette constitution de 1852.

Quelles sont donc ses origines et de quelles constitutions antérieures procède-t-elle?

Ce n'est pas une vaine curiosité de généalogie constitutionnelle qui nous fait poser cette question, mais cette
recherche préliminaire est nécessitée par l'obligation où
nous sommes de montrer par un exemple vivant la vérité
de l'affirmation suivante :

La valeur des formes constitutionnelles n'est point absolue, mais relative, et essentiellement dépendante des
circonstances et du milieu social dans lesquels elles
sont appliquées. Par conséquent, deux constitutions
presque identiques pourront amener des résultats absolument opposés, si elles sont appelées à fonctionner et à se
développer dans des circonstances et dans un milieu
social différents; c'est ainsi que nous pouvons voir l'une
d'elles, appliquée par un esprit dominateur et fonctionnant dans un pays fatigué de longues et cruelles agita-

tions révolutionnaires, aboutir au pouvoir absolu ; l'autre, appliquée par un esprit sage et prudent, et fonctionnant chez un peuple ayant des habitudes plus que trentenaires de liberté et de vie parlementaire, amener le développement progressif et continu de toutes les libertés.

Quelles sont les origines de notre constitution ?

La proclamation au peuple français répond à cette question ; le pouvoir constituant de 1852 nous apprend lui-même à quelles sources il a puisé, lorsqu'il a rédigé cette constitution :

« J'ai pris comme modèle les institutions qui, au lieu de disparaître au premier souffle des agitations populaires, n'ont été renversées que par l'Europe entière coalisée contre nous. En un mot, je me suis dit : Puisque la France ne marche depuis cinquante ans qu'en vertu de l'organisation administrative militaire, judiciaire, religieuse, financière du Consulat et de l'Empire, pourquoi n'adopterions-nous pas aussi les institutions politiques de cette époque ? Créées par la même pensée, elles doivent porter en elles le même caractère de nationalité et d'utilité pratique... On peut l'affirmer, la charpente de notre édifice social est l'œuvre de l'Empereur, et elle a résisté à sa chute et à trois révolutions.

« Pourquoi, avec la même origine, les institutions politiques n'auraient-elles pas les mêmes chances de durée ?

« Ma conviction était formée depuis longtemps, et c'est pour cela que j'ai soumis à votre jugement les bases principales d'une constitution empruntée à celle de l'an VIII. Approuvées par vous, elles vont devenir le fondement de notre constitution politique. »

On le voit, notre constitution politique procède des constitutions du premier empire, qui avaient elles-mêmes pour origine cette constitution de l'an VIII, à laquelle

sont empruntées ces bases fondamentales qui, votées le
10 décembre 1851, sont devenues la pierre angulaire de
la constitution de 1852.

C'est donc la constitution de l'an VIII que nous avons
à étudier dans ses sources, dans sa forme primitive et
dans ses transformations successives, puisque c'est elle
qui a donné naissance aux constitutions du premier et du
second Empire. C'est ce que nous allons faire aussi con-
sciencieusement et aussi rapidement que possible, afin de
nous hâter utilement vers l'examen de la constitution
qui nous régit aujourd'hui.

A l'assemblée constituante, deux écoles s'étaient trou-
vées en présence : la première pensait que, pour doter la
France d'une constitution politique, il fallait faire appel
aux leçons de l'expérience et emprunter à la constitution
anglaise tout ce qui n'était pas incompatible avec les
mœurs et le génie de notre nation; la seconde croyait,
au contraire, avec le métaphysicien Sieyès, son inspira-
teur et son prophète, que les lumières de la raison suffi-
saient pour construire de toutes pièces, *à priori*, un
mécanisme politique dont la perfection garantirait l'efficacité et la durée. L'Assemblée constituante repoussa les
théories absolues de l'auteur de la brochure sur les priviléges, en qui s'incarnait pour ainsi dire cette seconde
école.

Pendant qu'il siégeait avec éclat à la Constituante, et
dans une obscurité calculée à la Convention (1), Sieyès,
sans se décourager de son échec, ne cessa de méditer sur
le problème qu'il s'était posé, de remanier dans sa pensée
le plan primitif des savantes combinaisons dans lesquelles
se trouvait, suivant lui, la solution pratique de toutes

---

(1) « Que faire dans une telle nuit? disait-il. Attendre le jour. »

des questions politiques. Il avait reparu avec éclat à la tribune après la chute de Robespierre, et reconquis dans l'assemblée la place qu'y devait occuper l'instigateur hardi du serment du Jeu de Paume ; c'est au milieu d'un silence respectueux et d'une attente anxieuse qu'à la séance du 7 thermidor an III il vint exposer à l'assemblée son plan de constitution, embryon de la constitution de l'an VIII.

Son système pouvait se réduire à ceci : distinguer dans le peuple quatre volontés, volonté pétitionnaire, volonté gouvernante, volonté législative, volonté constituante, et donner à chacune de ces volontés une représentation distincte, tribunat, conseil d'État, législature et jurie constitutionnaire.

Ses idées se formulaient dans les quatre articles suivants :

ART. Ier. Il y aura, sous le nom de Tribunat, un corps de représentants au nombre de trois fois celui des départements, avec mission spéciale de veiller aux besoins du peuple et de proposer à la législature toute loi, tout règlement ou toute mesure qu'il jugera utile ; ses séances seront publiques.

ART. II. Il y aura, sous le nom de Gouvernement, un corps de représentants, au nombre de sept, avec mission spéciale de veiller aux besoins du peuple et à ceux de l'exécution de la loi, et de proposer à la législature toute loi, tout règlement ou toute mesure qu'il jugera utile ; ses séances ne seront pas publiques.

ART. III. Il y aura, sous le nom de Législature, un corps de représentants, au nombre de neuf fois celui des départements, avec mission spéciale de juger et prononcer sur les propositions du tribunat et sur celles du gouvernement ; ses jugements, avant la promulgation, prendront le nom de décrets.

Art. IV. Il y aura, sous le nom de jurie constitutionnaire, un corps de représentants, au nombre des trois
vingtièmes de la législature, avec mission spéciale de
juger et prononcer sur les plaintes en violation de la
constitution qui seraient portées contre les décrets de la
législature.

Ces quatre articles furent renvoyés à la commission ;
les trois premiers furent écartés à l'unanimité après un
examen sommaire : quant au quatrième, « qui concernait la
jurie constitutionnaire, cette première idée d'un sénat
gardien de la constitution, » quoique soutenu par la commission, il fut rejeté à une immense majorité par l'assemblée républicaine de l'an III.

Cet échec ne pouvait décourager un esprit systéma-
tique et convaincu, et Sieyès remit sur le métier son
œuvre incomprise et méconnue en attendant que son
heure arrivât. Appelé en l'an VII à faire partie du Directoire, il ne songea, dès le premier jour de son entrée
au pouvoir, qu'à préparer la chute du système politique
de l'an III, afin de pouvoir doter la France de l'organisation savamment compliquée, qui était le fruit de ses
longues et solitaires méditations. « Pour arriver à mon
but, disait-il, il me faut une tête et une épée, et celle-ci
me manque. » Il trouva dans le général Bonaparte, débar-
qué à Fréjus, l'épée qu'il cherchait et qu'il avait espéré
un instant avoir rencontrée en Joubert (1) ; mais il rencontra de plus en lui la tête qu'il était loin de chercher.

Après le 18 brumaire, consul provisoire avec Roger-
Ducos et Bonaparte, il fut chargé de préparer la constitution dont la rédaction devait être confiée aux sections
de constitution nommées par les commissions législatives,

---

(1) Joubert venait d'être tué à Novi.

Pendant dix jours il dicta à Boulay de la Meurthe cette
constitution, qu'il n'avait jamais écrite, mais à laquelle il
n'avait jamais cessé de songer depuis la Constituante.
Ses idées, communiquées aux sections de constitution,
furent accueillies avec faveur : son système servait les intérêts de ceux qui étaient chargés de le juger (1), et leur
esprit se laissait séduire par la nouveauté et l'art infini de
ses combinaisons.

Voici en quelques mots ce qu'était cette constitution de
Sieyès :

Comme dans le projet de l'an III, les quatre volontés du
peuple conservaient chacune leur représentation ; la jurie
constitutionnaire avait été remplacée par un collége des
conservateurs doté d'importantes attributions, et les sept
membres du Gouvernement par un seul fonctionnaire appelé grand électeur. Mais le changement le plus radical
apporté au plan primitif de Sieyès consistait en un système
électoral qui, basé en apparence sur le suffrage universel,
ne laissait au peuple qu'une influence tout à fait nominale
et illusoire sur le choix de ses représentants et sur la direction des affaires du pays.

Les citoyens qui s'étaient fait inscrire sur la liste civique
nommaient le dixième d'entre eux pour former la liste
communale, liste sur laquelle devaient être choisis les
fonctionnaires d'arrondissement (juges de paix, administrateurs et conseillers communaux) ; les citoyens portés
sur la liste communale élisaient à leur tour le dixième
d'entre eux pour former la liste départementale ; sur
cette liste devaient être choisis les fonctionnaires dépar-

---

(1) Les créations de Sieyès leur faisaient espérer que les intérêts d'aucun
d'entre eux ne seraient sacrifiés, le Collége des conservateurs, le Conseil
d'État, le Tribunat et le Corps législatif ouvrant une large porte à la satisfaction des ambitions individuelles.

tementaux (commissaires du Gouvernement, juges, administrateurs, conseillers départementaux). Enfin une semblable réduction au dixième opérée sur les citoyens de la liste départementale produisait la liste nationale sur laquelle devaient être choisis les fonctionnaires nationaux (membres du Gouvernement, ministres, membres du Corps législatif, du Tribunat, du Conseil d'État, etc.). Le rôle de la nation était ainsi réduit à former, par une suite d'éliminations successives, une liste de candidats dans laquelle on devait puiser à la fois les membres des assemblées délibérantes et les fonctionnaires de l'ordre exécutif; chaque année, ces listes de notabilité, véritables listes d'éligibilité, devaient être revisées, et les citoyens avaient le droit d'en exclure les noms indignes d'y figurer pour les remplacer par d'autres.

Voici maintenant comment les pouvoirs étaient organisés :

La *volonté législative* était représentée par un Corps législatif, devant qui trois membres du Tribunat et trois membres du Conseil d'État venaient discuter les lois qu'il votait *silencieusement* sans les discuter lui-même; la *volonté pétitionnaire* avait pour organe un Tribunat qui discutait les lois sans les voter et envoyait trois de ses membres pour les combattre ou les soutenir devant le Corps législatif; la *volonté constituante* était représentée par le *Sénat conservateur*, ou collége des conservateurs, chargé d'annuler toute loi ou tout acte du Gouvernement entaché d'inconstitutionnalité. Le Sénat nommait, en les choisissant sur la liste nationale, ses propres membres, les membres du Corps législatif, du Tribunat, du tribunal de cassation, et enfin le grand électeur lui-même. Il pouvait frapper d'ostracisme quiconque lui portait ombrage, et l'éliminer des listes de notabilité; il avait même le pouvoir d'absorber le grand électeur, en l'appelant à lui et en l'obli-

geant, sous peine de haute trahison, à quitter le pouvoir
pour venir occuper un siége au Sénat. Enfin la·*volonté
gouvernante* était organisée de la manière suivante : un
grand électeur, représentant la république à l'intérieur et
à l'extérieur et doté magnifiquement, avait pour seule
mission active de nommer et de révoquer deux consuls :
le consul de la paix et le consul de la guerre. Ceux-ci
nommaient les ministres, les ministres à leur tour choi-
sissaient dans les listes de notabilité tous les agents du
pouvoir exécutif ; ils gouvernaient et administraient avec
l'aide d'un Conseil d'État, chargé de rédiger les projets de
lois et de les présenter au Corps législatif, chargé aussi de
compléter les lois par des règlements nécessaires à leur
exécution.

Telle était la constitution de Sieyès ; elle semblait reposer sur le suffrage universel admis à composer la première
des listes de notabilité, sur lesquelles devaient être choisis les membres des corps délibérants et les agents du
pouvoir exécutif ; mais elle ne l'invoquait que pour l'annuler, car l'obligation de choisir sur ces listes immenses
n'était rien autre chose que l'abdication du choix en faveur du pouvoir exécutif et du Sénat. Ce Corps législatif,
écoutant et votant, mais ne parlant pas ; ce Tribunat, parlant, mais ne votant pas ; ce Sénat, tout-puissant pour
empêcher ou conserver, mais n'ayant aucune fonction
active ; ce grand électeur, mettant tout en mouvement
sans agir lui-même, étaient autant d'annulations successives et réciproques, autant d'ombres sans vie et sans
mouvement. Ce système compliqué à l'extrême, tous ces
rouages savamment organisés, devaient aboutir, ainsi que
l'a dit avec raison l'auteur de l'*Histoire du Consulat et de
l'Empire*, « à constituer une sorte d'aristocratie vénitienne
avec son livre d'or, avec son doge fastueux et nul, chargé
tous les ans d'épouser la mer Adriatique. »

La constitution proposée par Sieyès avait en outre le défaut capital, au moment où elle se produisait, de ne tenir aucun compte de la situation exceptionnelle et prépondérante que les événements avaient faite au général Bonaparte. Quand celui-ci connut le rôle passif et ridicule de grand électeur qui lui était réservé par cette constitution, il demanda si Sieyès voulait faire de lui *un porc à l'engrais*, qu'on tuerait après l'avoir engraissé, en le faisant absorber par le Sénat (1). De son côté, Sieyès menaçait de tout abandonner et même de quitter la France si on touchait à son œuvre : « il avait fort à cœur que son plan ne fût pas mutilé ; c'était le fruit des méditations de toute sa vie, c'était une machine qu'il avait construite avec un soin extrême, qu'il prétendait avoir munie de tous les rouages nécessaires à sa pleine et régulière activité, rouages tellement assortis, tellement faits les uns pour les autres et pour le tout, que, toucher à un seul, le supprimer, le déplacer, le modifier, c'était vouloir, selon lui, arrêter la machine ou bien y introduire la confusion et le désordre (2). »

Les anxiétés et les tortures morales du théoricien ne pouvaient préoccuper beaucoup l'homme d'action ; irrité des résistances de Sieyès, le général Bonaparte menaça de congédier les commissions législatives, et de rédiger en vingt-quatre heures avec Rœderer une constitution qu'il soumettrait au vote des assemblées primaires. Les sections de constitution s'effrayèrent de cette menace qu'elles craignaient de voir mettre à exécution ; elles

---

(1) D'après le projet de constitution de Sieyès, le Sénat avait le pouvoir d'absorber le grand électeur en l'appelant à lui, c'est-à-dire de l'obliger, sous peine de haute trahison, à quitter le pouvoir pour venir occuper un siége au Sénat.

(2) *Mémoires inédits de Boulay de la Meurthe*, dans la remarquable histoire parlementaire de M. Duvergier de Hauranne.

s'interposèrent entre les consuls, et, résolues elles-mêmes à céder, elles firent comprendre à Sieyès qu'il devait céder lui aussi, s'il ne voulait pas perdre l'honneur de donner une constitution à la France. Remaniée par les sections, dans de telles conditions, la constitution de Sieyès ne fut, en vérité, ainsi qu'on l'a dit, que *le brouillon sur lequel le général Bonaparte écrivit sa constitution à lui*. Celui-ci, du reste, ne songeait pas à dissimuler sa toute-puissante intervention, et, peu de jours après, il disait « Sieyès n'avait mis partout que des ombres, ombre de pouvoir législatif, ombre de pouvoir judiciaire, ombre de gouvernement ; *il fallait bien de la substance quelque part, je l'ai mise dans le Gouvernement.* »

Cette collaboration du général Bonaparte transforma l'œuvre de Sieyès, ainsi que nous allons le voir tout à l'heure, et l'œuvre commune devint la constitution de l'an VIII, présentée par les consuls à l'acceptation du peuple français le 22 frimaire, dans les termes suivants :

« Citoyens, une constitution vous est présentée. Elle fait cesser les incertitudes que le Gouvernement provisoire mettait dans les relations extérieures, dans la situation intérieure et militaire de la République. Elle place, dans les institutions qu'elle établit, les premiers magistrats dont le dévouement a paru nécessaire à son activité.

« La constitution est fondée *sur les vrais principes du gouvernement représentatif, sur les droits sacrés de la propriété, de l'égalité, de la liberté.* Les pouvoirs qu'elle institue seront forts et stables, tels qu'ils doivent être *pour garantir les droits des citoyens et les intérêts de l'État.* »

Voici, en aussi peu de mots que possible. l'organisation politique créée par cette constitution de l'an VIII,

*fondée sur les vrais principes du gouvernement repré-
sentatif.*

Système électoral. — Le suffrage universel était appelé
seulement, comme dans le projet de Sieyès, à former la
première des listes de notabilité, dans laquelle étaient
prises, par deux réductions successives au dixième, la
liste départementale et la liste nationale. La révision de
ces listes n'avait lieu que tous les trois ans, au lieu d'être
opérée tous les ans, ainsi que le proposait Sieyès. Une
modification plus importante au système primitif était
l'autorisation, donnée au Gouvernement, de faire, *sans
listes de notabilités*, la première nomination de tout le
personnel des agents du pouvoir exécutif et des grands
corps de l'État. En théorie, le système de Sieyès restait à
peu près intact ; mais, *en fait*, cette autorisation permettait au Gouvernement de porter sur les listes de notabilité,
sans l'intervention du suffrage populaire, quiconque il lui
plairait d'y faire figurer. En effet, tous les fonctionnaires
de l'ordre exécutif ou de l'ordre législatif choisis arbitrairement par lui en l'an VIII se devaient trouver en
l'an IX faire partie, *de droit*, des listes de notabilité, et
en faire partie pour toute leur vie.

Corps législatif. — Le Corps législatif, composé de
trois cents membres, âgés de trente ans au moins, se
renouvelait chaque année par cinquième, et aucun député
sortant ne pouvait être réélu avant un an d'intervalle.
Les députés, *choisis par le Sénat* sur la liste nationale,
étaient nommés pour cinq ans (1) et recevaient un trai-

---

(1) Sauf pour les députés de la première nomination, choisis *sans liste* par
le Gouvernement. En l'an X, époque fixée pour le premier renouvellement
du Tribunat et du Corps législatif, le Sénat, *interprétant la constitution*, décida
que ce serait son vote, et non le sort, qui désignerait chaque année les membres faisant partie du cinquième sortant. Cette *interprétation* permit au Gou-

tement de 10,000 francs. Le Corps législatif se réunissait de plein droit le 1er frimaire de chaque année pour une session qui pouvait durer quatre mois. Ses fonctions étaient de voter les lois et l'impôt; mais il devait voter silencieusement, sans délibérer, *même en comité secret*, sur les propositions du Gouvernement, discutées contradictoirement devant lui par trois conseillers d'État et par trois membres du Tribunat.

Tribunat. — Le Tribunat était composé de cent membres, âgés de vingt-cinq ans au moins et se renouvelant par cinquième; les tribuns étaient indéfiniment rééligibles; ils étaient élus par le Sénat sur la liste nationale. Quand le Tribunat s'ajournait, il pouvait nommer une commission de dix à quinze membres, chargée de le convoquer en cas de nécessité; — le traitement des tribuns était de 15,000 francs. Le Tribunat avait pour fonctions législatives, de recevoir et de discuter publiquement les projets de loi, et de déléguer trois de ses membres pour soutenir l'opinion du Tribunat devant le Corps législatif, contradictoirement avec les conseillers d'État, chargés de défendre les propositions du Gouvernement. Le Tribunat pouvait, en outre, émettre des vœux, recevoir des pétitions qu'il renvoyait aux diverses autorités qu'elles concernaient, et enfin déférer au Sénat, pour cause d'inconstitutionnalité, les listes d'éligibilité, les actes du Corps législatif et ceux du Gouvernement.

Sénat. — Le Sénat était composé de quatre-vingts membres, âgés de quarante ans au moins; soixante devaient être nommés tout de suite, vingt autres dans l'espace de dix ans, à raison de deux par année. Les deux consuls

---

vernement de faire disparaître les opposants du Tribunat et du Corps législatif et d'arrêter, par la crainte d'une semblable élimination, ceux qui seraient tentés de suivre la même voie.

sortants (Sieyès et Roger-Ducos) et les deux entrants (Cambacérès et Lebrun) devaient nommer les trente et un premiers sénateurs, ceux-ci en nommeraient vingt-neuf autres au scrutin. Pour les deux nominations annuelles à faire pendant dix ans, et pour les vacances qui viendraient à se produire, le choix du Sénat devait porter sur un des trois candidats présentés, l'un par le Corps législatif, l'autre par le Tribunat, le dernier par le chef du Gouvernement. Les sénateurs recevaient une dotation annuelle de 25,000 francs ; ils étaient inamovibles et à vie. Le droit d'élimination des listes nationales et le droit d'absorption furent retirés au Sénat ; mais il resta l'électeur unique des membres du Corps législatif, des tribuns, des juges de cassation et des commissaires à la comptabilité, le gardien et l'interprète du pacte fondamental, le juge suprême de la constitutionnalité des actes des corps délibérants et du Gouvernement.

Pouvoir exécutif. — Trois consuls nommés pour dix ans et indéfiniment rééligibles composaient le Gouvernement. Le premier consul avait, sans partage, la nomination du personnel administratif, militaire et judiciaire. Il avait la direction de la guerre et de la diplomatie, et signait avec les puissances étrangères les traités qui devaient être soumis à l'approbation du Corps législatif (1). Dans ces diverses fonctions, il devait être assisté des deux autres consuls, mais sa décision faisait loi, et ses deux collègues, qui avaient seulement voix consultative, n'avaient d'autre

---

(1) La constitution de 1852 a supprimé cette sanction du Corps législatif non-seulement pour les traités de paix ou d'alliance, mais encore pour les traités de commerce. Personne n'a oublié l'émotion provoquée dans le pays par la signature du traité de commerce avec l'Angleterre ; cette émotion profonde n'eût pas eu lieu de se produire, si la constitution interprétée par le sénatus-consulte du 25 décembre 1852 n'avait pas retiré au Corps législatif la sanction des traités qui peuvent changer les conditions d'existence de notre agriculture, de notre commerce et de notre industrie.

droit, en cas de dissentiment, que de faire consigner leur opinion sur un registre de délibérations *ad hoc*. En résumé, le premier consul était tout dans le Gouvernement, et les deux autres consuls n'étaient là que pour dissimuler *nominalement* à la France *républicaine* la toute-puissance *monarchique* du premier magistrat de la République.

Les agents principaux du Gouvernement étaient :

1° *Les conseillers d'État*, chargés, sous la direction des consuls, de rédiger les projets de loi, ainsi que les règlements d'administration publique et de résoudre les difficultés qui pouvaient s'élever en matière administrative;

2° *Les ministres*, chargés d'assurer l'exécution des lois et des règlements d'administration publique, ayant dans leur dépendance tous les fonctionnaires départementaux et communaux, et contre-signant, à peine de nullité, tous les actes du Gouvernement; .

Responsabilité des agents du gouvernement — Les ministres étaient responsables de la signature de tout acte inconstitutionnel et de tout ordre, contraire à la constitution, donné par eux. Ils devaient être jugés par une haute cour, composée de juges pris dans le tribunal de cassation, et de jurés choisis sur la liste nationale.

Les autres agents du Gouvernement ne pouvaient être poursuivis, pour faits relatifs à leurs fonctions, qu'en vertu d'une décision prise par le Conseil d'État ; ils étaient jugés par les tribunaux ordinaires.

Garantie des droits. — La constitution de l'an VIII ne contenait aucune déclaration de droits, mais certaines dispositions générales garantissaient : *l'inviolabilité du domicile* (art. 76), *la liberté individuelle* (art. 77 et suivants), *le droit de pétition* (art. 83). Enfin le droit, donné au Sénat, d'annuler comme inconstitutionnel tout acte du

Gouvernement pouvait être considéré comme la garantie suprême de tous les droits des citoyens.

Suspension de la constitution. — Une loi seule pouvait prononcer, dans un ou plusieurs départements, *la suspension de la constitution* (la mise en état de siége) pendant la durée des sessions du Corps législatif. Si les faits qui étaient de nature à la provoquer se produisaient dans l'intervalle des sessions, le Gouvernement pouvait prononcer provisoirement cette suspension de la constitution ; mais l'arrêté qui la prononçait devait, par un de ses articles, convoquer, dans le plus bref délai, le Corps législatif, afin que celui-ci pût convertir en loi cette mesure provisoire.

On le voit, si le général Bonaparte avait consenti à accepter certaines ombres politiques de Sieyès, l'ombre du suffrage universel, l'ombre du pouvoir législatif, il avait mis la substance dans le Gouvernement, ainsi qu'il le disait lui-même.

Cependant cette constitution de l'an VIII, qui enlevait au pays toute action réelle sur ses propres affaires, mettait en regard d'un Gouvernement presque omnipotent des pouvoirs qui, sans aucune puissance de création, avaient la faculté de tout entraver, si bien qu'il n'était pas possible de sortir de l'anarchie légale, résultant des conflits, autrement que par un coup d'État ou par une révolution.

Le Tribunat, qui avait le monopole de la tribune libre et publique, pouvait agiter le pays et dénoncer au Sénat, comme inconstitutionnels, tous les actes du Gouvernement. Le Corps législatif pouvait accueillir les dénonciations du Tribunat contre les ministres, rejeter les projets de lois qui lui étaient proposés et entraver la marche du Gouvernement en refusant de voter les lois de finance. Et ni le Tribunat, ni le Corps législatif, ne pouvaient être dissous légalement. Le Sénat, inamovible, et se recrutant lui-même, pouvait, *sans appel*, casser comme inconstitutionnels tous les actes du Gouvernement; chargé de nommer tous les ans le cinquième des membres du Tribunat et du Corps législatif, il pouvait arriver en deux ou trois ans à constituer dans ces deux corps une majorité hostile au Gouvernement; il pouvait enfin refuser d'apporter la moindre modification à une constitution qui constituait l'anarchie légale la plus complète et acculer ainsi dans une impasse, sans issue constitutionnelle, le pouvoir exécutif, qui n'eût pas voulu se soumettre à ses volontés. Quant au Gouvernement, qui n'avait pas le droit de dissoudre le Tribunat et le Corps législatif et d'en appeler au jugement suprême de la nation, il était encore plus impuissant vis-à-vis du Sénat, sans le concours duquel il ne pouvait rien et contre qui, cependant, la loi ne lui donnait aucun moyen d'agir.

La constitution de l'an VIII devait donc forcément amener un de ces deux résultats, ou la subordination absolue du pouvoir exécutif au Sénat et aux corps délibérants nommés par celui-ci, ou l'asservissement des assemblées aux volontés du Gouvernement.

Si elle avait été appelée à fonctionner dans un temps où la nation aurait commencé à se lasser d'une trop longue et trop complète soumission aux volontés d'un seul, le Sénat, soutenu par l'opinion publique, n'aurait pas tardé à faire du pouvoir exécutif le serviteur obéissant de ses toutes-puissantes volontés.

Mais, mise en vigueur à la suite du 18 brumaire, alors que la nation, fatiguée des agitations révolutionnaires, désirait le repos et la sécurité, avec la même ardeur que, quelques années auparavant, elle avait poursuivi la liberté, la constitution de l'an VIII ne pouvait aboutir à un tel résultat.

Si l'une des deux puissances rivales courait le risque d'être asservie à l'autre, ce n'était pas le pouvoir exécutif, alors qu'il était remis en de telles circonstances aux mains d'un jeune général dans tout l'éclat de sa gloire, dans toute la force de sa popularité.

Le vainqueur d'Italie, le héros presque légendaire de la campagne d'Égypte, venait d'arracher le Gouvernement aux mains débiles et corrompues du Directoire ; acclamé par tous comme un sauveur, il voyait la France lui remettre le soin de ses destinées et dans son entraînement passionné se donner tout entière à lui.

Dans de pareilles conditions, alors que tout, hommes et choses, l'entraînait à la puissance absolue, croit-on que des formes constitutionnelles plus parfaites eussent pu retenir son génie audacieux et dominateur sur la pente rapide où le précipitaient les événements autant que ses propres penchants ?

Arrêtée définitivement dans la nuit du 13 décembre 1799, la constitution de l'an VIII, bien qu'elle dût être sanctionnée par le vote du peuple français, à l'acceptation de qui elle était soumise (1), fut promulguée deux jours après le 15 décembre 1799 (24 frimaire an VIII) (2).

Aussitôt, sans attendre le résultat du plébiscite, on procéda à l'organisation des pouvoirs publics que la constitution instituait ; Bonaparte, premier consul, fit désigner par Sieyès le second et le troisième consul qui devaient composer avec lui le Gouvernement (3).

---

(1) La constitution soumise à la condition de l'acceptation du peuple français (art. 95) ne pouvait avoir de *valeur légale* avant d'avoir reçu la sanction du vote populaire.

(2) La constitution de l'an VIII fut acceptée par 3,001,107 citoyens, et repoussée par 1,562 seulement.

(3) Taillandier (*Documents biographiques sur Daunou*), raconte que Bonaparte avait consenti à laisser les deux commissions législatives voter pour la

Les trois consuls entrants (Bonaparte, Cambacérès et Lebrun) et les deux consuls sortants (Sieyès et Roger-Ducos) firent toutes les nominations que la constitution leur donnait le droit de faire; ils choisirent enfin trente et un sénateurs, la majorité du Sénat (1). Le Sénat ainsi constitué se compléta en nommant vingt-neuf autres sénateurs, et procéda à son tour au choix des membres du Tribunat et du Corps législatif. De cette façon, les grands pouvoirs de l'État se trouvèrent constitués dès les premiers jours du mois de janvier 1800, et la constitution put être mise en exercice aussitôt.

Cette hâte à promulguer et à appliquer la nouvelle constitution, avant son acceptation par le peuple français, avait pour motif le désir trop naturel, au sortir d'une période d'anarchie, d'inaugurer au plus tôt un état de choses normal et régulier.

Cependant cet oubli des règles de la légalité, à l'inauguration même du nouveau système constitutionnel, indiquait chez la nation une regrettable disposition à se préoccuper fort peu de la violation des formes légales; il pouvait faire prévoir aussi, chez l'homme à qui la France confiait ses destinées, une tendance naturelle à commettre, sans scrupule de légiste, des infractions de ce genre, qu'elles fussent ou non justifiées comme celle-ci par des considérations plus ou moins spécieuses. C'est cette disposition fâcheuse au mépris des formes légales, qui, lorsqu'elle ne rencontre pas de résistance au

---

nomination du second et du troisième consul, mais que, voyant un assez grand nombre de suffrages se porter sur Daunou, il interrompit le scrutin en disant qu'il valait mieux s'en rapporter au suffrage unique de Sieyès, et, sans attendre la réponse, jeta au feu les bulletins contenus dans l'urne.

(1) Le Sénat devait se composer d'abord de soixante membres seulement, et deux nominations à faire chaque année pendant les dix premières années devaient le porter, à l'expiration de cette période de dix ans, au nombre complet de 80, fixé par la constitution.

dehors, conduit les gouvernements à la folie de la toute-puissance, folie qui fausse les jugements les plus droits et les amène à méconnaître les lois les plus élémentaires de la justice et de l'équité.

Avant de montrer où cette pente entraîna Napoléon et la France avec lui, nous allons rapidement passer en revue les modifications apportées à la constitution de l'an VIII, depuis le jour de sa promulgation jusqu'au moment de la chute du premier empire.

En 1802, le premier consul, pressé par Cambacérès de faire connaître aux sénateurs s'il désirait être nommé consul à vie, refusait de dévoiler sa pensée et répondait : « Laissez-les faire : la majorité du Sénat est toujours prête *à faire plus qu'on ne lui demande;* ils iront plus loin que vous ne croyez. » Il se trompait, et le 8 mai 1802, le Sénat votait un sénatus-consulte *prorogeant de dix ans* les pouvoirs du premier consul. Le lendemain, Napoléon mécontent répondait au Sénat : « Vous jugez que je dois au peuple un nouveau sacrifice; je le ferai, *si le vœu du peuple me commande* ce que votre suffrage autorise. » Deux jours après, le *Moniteur* publiait un arrêté des consuls, préparé par le Conseil d'État, qui, attendu que la résolution du premier consul était un hommage éclatant rendu à la souveraineté du peuple, décidait que le peuple serait consulté sur cette question : « Napoléon Bonaparte sera-t-il *consul à vie?* »

Au point de vue légal, il serait assez difficile de justifier cet arrêté, transformant en proposition de *consulat à vie* la proposition d'une *prorogation de pouvoirs pour dix ans* faite par le Sénat, seule autorité à laquelle la constitution donnât le droit de proposer des modifications constitutionnelles. Quoi qu'il en soit, la proposition du *consulat à vie* fut acceptée par 3,568,885 citoyens sur 3,577,259 votants. En conséquence de ce vote du peuple français, le Sénat rendit un sénatus-consulte proclamant Napoléon Bonaparte consul à vie.

Le jour même où il venait d'être proclamé consul à vie, Napoléon présenta au Conseil d'État un projet de modifications à apporter à la constitution. Le 4 août 1802, ce projet, adopté par le Conseil d'État, fut soumis au Sénat qui, *séance tenante*, nomma une commission pour l'étudier, entendit le rapport de cette commission, et à la presque unanimité transforma ce projet en sénatus-consulte organique (1).

Voici quelles étaient les principales dispositions du sénatus-consulte organique du 16 thermidor an X (4 août 1802).

Les listes des notabilités étaient supprimées et remplacées par des colléges électoraux d'arrondissement et de département nommés *à vie* (2), pouvant être dissous par le Gouvernement et présidés par des présidents nommés par lui. Ces assemblées proposaient des candidats pour les justices de paix, pour la composition des autorités municipales et départementales, pour le Tribunat, pour le Corps législatif et pour le Sénat.

----

(1) Le 3 août 1802, le Sénat apportait à Napoléon le résultat du plébiscite sur le consulat à vie, en lui disant : *Le peuple veut* que la première magistrature soit inamovible entre vos mains.

Le lendemain 4 août, il adoptait le rapport sur le sénatus-consulte organique de l'an X, rapport qui posait la question de savoir si les modifications à la constitution devaient être soumises à la sanction du peuple, et la résolvait par la négative : « Il faut, disait ce rapport, *fermer sans retour la place publique* aux Gracques. Le vœu des citoyens, sur les lois politiques auxquelles ils obéissent, *s'exprime par la prospérité générale.* La garantie des droits de la société *place absolument la pratique du dogme de la souveraineté nationale dans le sénat,* qui est le lien de la nation. Voilà la seule doctrine sociale pour nous. »

(2) Les assemblées de canton, une fois qu'elles avaient nommé *à vie* les colléges électoraux, n'avaient plus qu'à pourvoir au remplacement des morts et des indignes. L'intervention de la nation dans ses propres affaires, se réduisait donc à nommer, *une fois* pour toutes, des colléges électoraux *à vie,* après quoi *elle disparaissait* de la scène politique.

Le Tribunat, réduit à cinquante membres et divisé en sections discutant à huis clos, devenait une doublure du Conseil d'État. Le Corps législatif ne se réunissait plus de plein droit ; il était convoqué, ajourné et prorogé par le premier consul, et pouvait être dissous par le Sénat. Enfin, il perdait le droit de présenter des candidats aux places de sénateurs, et les traités cessaient d'avoir besoin de sa ratification.

Quant au Sénat, l'importance de ses attributions était augmentée ; il pouvait annuler tous les actes contraires à la constitution, il avait le droit, par des sénatus-consultes organiques, de régler la constitution des colonies, d'interpréter la constitution (1), de la compléter (2), de régler tout ce qui n'avait pas été prévu par elle et qui serait nécessaire à sa marche.

En outre, par des sénatus-consultes simples, il pouvait :

Suspendre pour cinq ans les fonctions de jurés dans certains départements ;

Déclarer un ou plusieurs départements hors de la constitution (3) ;

---

(1) Le Sénat avait déjà usé de ce droit d'interprétation lorsqu'il s'était agi d'écarter les opposants du Corps législatif et du Tribunat. L'article 38 de la constitution décidait que le renouvellemeni du premier cinquième du Corps législatif et du Tribunat aurait lieu en l'an X. — Le Gouvernement, mécontent de l'opposition faite à plusieurs de ses propositions au Corps législatif et au Tribunat, retira en l'an X tous les projets de lois présentés à ces deux corps, et les laissa ainsi fort embarrassés de leur inaction. En même temps, les consuls envoyèrent un message au Sénat pour l'inviter à procéder au renouvellement du cinquième du Tribunat et du Corps législatif alors *en pleine session*.

(2) Le Sénat avait complété la constitution par le sénatus-consulte, prolongeant de dix ans les pouvoirs du premier consul, sénatus-consulte malencontreux, abrogé bientôt par le plébiscite instituant le consulat à vie.

(3) D'après l'article 92 de la constitution, cette suspension de la constitution ne pouvait être prononcée que *par une loi*.

Statuer si un individu *détenu extraordinairement* serait envoyé devant ses juges naturels ou maintenu en état de détention (1) ;

Annuler les jugements des tribunaux qu'il jugerait attentatoires à la sûreté de l'État (2) ;

Dissoudre le Corps législatif et le Tribunat ;

Nommer le second et le troisième consul sur la présentation du premier consul ;

Choisir parmi les candidats des colléges électoraux les membres du Tribunat et du Corps législatif ;

Nommer les membres du tribunal de cassation sur une présentation de trois candidats faite par le premier consul.

Mais ce que le Sénat obtenait en importance, il le perdait en indépendance. Il devait compléter par des nominations immédiates le chiffre de 80 sénateurs, que la constitution de l'an VIII avait ajourné à dix ans ; les nominations qu'il avait à faire pour ce complément ou qu'il aurait à faire plus tard, en cas de vacance, devaient porter sur un des trois candidats présentés par le premier con-

---

(1) L'article 46 de la constitution de l'an VIII autorisait le Gouvernement, en cas de conspiration contre l'État, à décerner des mandats d'arrêt ou d'amener contre les personnes présumées auteurs ou complices de cette conspiration. Mais ces personnes devaient être mises en liberté ou en justice réglée dans un délai de dix jours après leur arrestation, et s'il n'était pas fait droit à cette prescription, il y avait, de la part du ministre signataire du mandat, *crime de détention arbitraire*. Le sénatus-consulte organique de l'an X, abrogeant cette sage disposition, reconnaissait implicitement au Gouvernement le droit de détenir des citoyens arbitrairement sans les mettre en jugement. C'était un premier pas vers le retour aux lettres de cachet, vers la création des prisons d'État, rétablies en 1809, *attendu qu'il est différentes classes de prisonniers qu'on ne peut ni mettre en jugement ni mettre en liberté sans compromettre la sûreté de l'État.* Le nombre de ces détenus administratifs s'élevait à plus de 250 à la chute du premier empire.

(2) L'acte de déchéance constate jusqu'où pouvait aller l'abus de cette injustifiable attribution, confusion incroyable de tous les pouvoirs.

sul (1). En outre le premier consul avait à sa nomination directe 40 places de sénateurs, ce qui portait à 120 le chiffre des membres du Sénat. Enfin l'incompatibilité entre la dignité de sénateur et les fonctions publiques était abolie (2).

Quant au premier consul, il gagnait en puissance tout ce que perdaient les autres pouvoirs, et sans avoir le titre de souverain, il avait presque toutes les prérogatives de la royauté ; on lui accordait le droit de grâce et la faculté de présenter son successeur à la nation, soit de son vivant, soit par testament.

Enfin, à côté, sinon au-dessus du Conseil d'État, le sénatus-consulte de l'an X établissait un conseil privé composé des consuls, des ministres, de deux sénateurs, de deux conseillers d'État et de deux membres de la Légion d'honneur. Ce conseil privé était seul consulté pour la ratification des traités (3); il était appelé à se prononcer sur toutes les questions importantes, et les projets discutés et préparés par lui étaient portés directement au Sénat sous la forme de projets de sénatus-consultes, d'arrêtés ou de règlements généraux (4).

---

(1) D'après la constitution de l'an VIII, ces trois candidats étaient présentés, le premier par le Corps législatif, le second par le Tribunat, et le troisième par le premier consul.

(2) La suppression de cette incompatibilité, permettant aux sénateurs le cumul de plusieurs traitements, les rendait plus accessibles aux influences gouvernementales. C'est dans le même ordre d'idées que, le 14 ventôse an XI, on créa dans chaque arrondissement de tribunal d'appel *une sénatorerie à vie*, dotée de 20 à 25,000 francs de revenus; le Sénat avait le droit de présenter trois candidats pour chacune de ces sénatoreries, dont le premier consul *se réservait la libre disposition*.

(3) La ratification des traités était accordée par la constitution de l'an VIII au Corps législatif; le sénatus-consulte de l'an X l'avait donnée au Sénat.

(4) A partir du décret de 1810 établissant les prisons d'État pour la détention des prisonniers (*qu'on ne pouvait ni mettre en jugement ni mettre en liberté sans compromettre la sûreté de l'État*), le conseil privé reçut le pouvoir d'autoriser ces détentions *arbitraires*, sur un rapport du grand juge ou du

Il y avait donc, pour ainsi dire, deux organismes constitutionnels juxtaposés, le premier, composé du Conseil d'État, du Tribunat et du Corps législatif, chargé d'expédier rapidement et sans bruit les affaires courantes ; le second formé du conseil privé et du Sénat, enlevant toutes les affaires importantes au Conseil d'État et au Corps législatif, et les tranchant au gré de la volonté du premier consul, devenu ainsi maître absolu de la liberté, de la fortune et de la vie des citoyens.

Un dernier pas restait à faire pour revenir nominalement à la monarchie rétablie de fait; le complot de Georges Cadoudal provoqua cette modification à la forme du Gouvernement. Toutes les adresses qu'à cette occasion l'armée et les citoyens envoyèrent au Gouvernement déclaraient que le seul moyen de mettre la vie du premier consul à l'abri des attentats de ses ennemis intérieurs et extérieurs, et d'amener le repos de la France, était de lui donner l'hérédité pour rempart. Le Sénat vint à son tour demander au premier consul d'assurer sa vie et son ouvrage par l'institution d'un haut jury, et d'y joindre *des institutions tellement combinées que le système lui survécût*. Le premier consul répondit qu'il était disposé à faire à la France un nouveau sacrifice, et invita le Sénat à lui faire connaître sa pensée tout entière. Le Sénat déclara, au nom de la France, que l'intérêt de l'État exigeait que Napoléon Bonaparte devînt empereur héréditaire. — Un sénatus-consulte en date du 24 floréal *an XII* (18 mai 1804) consacra cette déclaration, en élevant le premier consul à la dignité impériale et en établissant l'hérédité de cette dignité dans la descendance directe et

---

ministre de la police. La détention, autorisée par le conseil privé, devait, quand elle avait duré une année, être de nouveau validée par le conseil privé.

légitime de Napoléon Bonaparte. Le peuple français, appelé à sanctionner ce sénatus-consulte, l'approuva par 3,572,329 voix contre 2,569.

De nouvelles modifications étaient apportées à la constitution par le sénatus-consulte organique du 24 floréal an XII.

La liste civile de l'empereur était fixée à 25 millions.

Les frères et sœurs de l'empereur recevaient la qualité de princes et de princesses ; les princes ayant atteint leur dix-huitième année étaient de droit membres du Sénat ; la dotation de chacun d'eux était d'un million.

De grands dignitaires de l'empire, n'ayant que des fonctions purement honorifiques et d'apparat, étaient créés ; c'étaient : le grand électeur, l'archichancelier d'empire, l'archichancelier d'État, l'architrésorier, le connétable, le grand amiral ; chacun d'entre eux avait un traitement de 333,333 fr. 33 c., du tiers d'un million. Ils faisaient de droit partie du Sénat. On créait aussi de grands officiers militaires et civils, seize maréchaux d'empire, quatre maréchaux honoraires, des inspecteurs généraux de l'artillerie et du génie, des colonels généraux de cavalerie, des chambellans, des maîtres des cérémonies, etc. Les grands dignitaires et les grands officiers civils et militaires devaient présider chacun un collége électoral. Une haute cour impériale, présidée par l'archichancelier, devait seule connaître des complots ourdis contre l'État et la personne de l'empereur, des actes arbitraires imputés aux ministres ou à leurs agents, des faits de forfaiture et de concussion, des fautes commises par les généraux de terre et de mer dans leurs commandements, des délits commis par les membres de la famille impériale, les grands dignitaires, les grands officiers civils et militaires, les sénateurs et les conseillers d'État.

Le Sénat perdait le droit de nommer son président, qui était choisi par l'empereur parmi les sénateurs; il conservait le droit de nommer quatre-vingts de ses membres sur une liste triple de candidats présentés par le Gouvernement, mais le nombre des sénateurs à la nomination de l'empereur *cessait d'être limité* (1). On lui accordait, en compensation, le droit de nommer deux commissions de sept membres chargées de veiller, l'une au respect de la liberté individuelle, l'autre à la liberté de la presse, c'est-à-dire *des livres*, car les écrits périodiques étaient placés sous la juridiction arbitraire de la police.

Le Tribunat perdait le droit de nommer son président et son questeur, il ne pouvait plus délibérer qu'en sections et à huis clos.

Quant au Corps législatif, qui avait déjà perdu le droit de nommer son président et ses questeurs (2), on lui permettait de délibérer, en comité secret, sur les propositions du Gouvernement qui lui étaient soumises.

Le sénatus-consulte organique du 28 floréal an XII consacre et complète l'abdication de la France aux mains de Napoléon, et désormais l'empereur a le pouvoir de tout faire, le mal comme le bien, sans qu'une voix puisse s'élever du sein du silence universel pour conseiller, avertir ou protester! La nation, écartée de toute intervention dans ses propres affaires, se désintéresse des événements qui se passent dans ce monde officiel, vivant au-dessus et en dehors d'elle, et soupire en vain après les douceurs de

---

(1) Nous devons rappeler cependant qu'en cas de nombre excédant les limites constitutionnelles, une loi devait pourvoir à l'exécution de l'article 16 du sénatus-consulte du 14 nivôse an XI.

(2) Le sénatus-consulte du 18 frimaire an XII décidait que le Gouvernement nommerait *le président du Corps législatif* sur une liste de cinq candidats présentés par l'assemblée, et *les questeurs* sur une liste de trois candidats proposés par elle aussi.

la paix, après le repos et la sécurité qu'elle avait espéré
trouver du moins en renonçant aux soucis de la liberté.
La presse se tait : les treize journaux qui ont survécu à la
proscription d'une ordonnance de police n'ont conservé, de
tous leurs droits passés, qu'un seul droit, celui de l'éloge.
Les livres eux-mêmes, soumis à la censure préalable mais
facultative du Gouvernement, ou, à défaut, à celle des libraires et imprimeurs, sont retirés de la circulation pour
peu qu'ils contiennent l'apparence d'un blâme ou d'une
critique. Si les salons parlent trop haut, on les ferme, et
la maîtresse de la maison (madame de Staël ou madame
Récamier, par exemple) est *invitée* à s'éloigner de Paris.
La détention arbitraire et sans jugement dans une des
prisons d'État est d'ailleurs une menace suspendue comme
une épée de Damoclès sur la tête de tous, un frein à toute
intempérance de critique ou de blâme.

Aucune voix discordante ne pouvait donc venir troubler l'harmonie de ce concert d'éloges enthousiastes qui
s'élevaient chaque jour du sein du monde officiel, du
milieu de cette caste de fonctionnaires, n'ayant d'autres
préoccupations que leur intérêt personnel, d'autre but
que l'avancement, et dévoués au gouvernement quoi qu'il
fît. Les événements de 1814 et de 1815 devaient être la
pierre de touche de l'aveugle dévouement de ces hommes
pour qui le véritable amphitryon serait toujours l'amphitryon chez qui l'on dîne.

En vain le Sénat, contrairement à la constitution, vote-
t-il les lois de finance et le contingent, le président du
Corps législatif ne proteste pas, et au nom de l'assemblée
qu'il préside, qu'on dépouille de ses droits et qu'on daigne
à peine convoquer quelques jours chaque année, il s'écrie :
« Quand tout est organisé dans l'empire, *il est naturel que
le travail de l'administration augmente et que celui de la
législation diminue :* la création est finie, la vie commence. »

En vain oublie-t-on de le convoquer en 1812, et vient-on en 1813 lui déclarer, au nom du Gouvernement, qu'il doit venir seulement *tous les trois ans*, non pas *pour voter l'impôt*, mais pour recevoir le compte des revenus publics, le Corps législatif ne s'indigne pas. Son président, au contraire, répond à une telle déclaration par ce redoublement de protestations de dévouement : « Le Corps législatif ne borne point son ministère à des sessions momentanées ; réuni, il est l'exemple de la fidélité, séparé, il en est encore le modèle. Son occupation, la plus constante, est de rechercher les bienfaits du Gouvernement et d'en publier les mérites. » En vain la nation est-elle épuisée par des levées excessives et prématurées, en vain les moyens les plus odieux sont-ils employés pour obliger les réfractaires à rejoindre leurs régiments (1), le Sénat célèbre le bonheur de la France et plaint les parents, *non*

---

(1) « Afin de remplir ses cadres, Napoléon avait été obligé de hâter la levée de la conscription de 1811, ordonnée dès le mois de janvier. Mais il ne s'en était pas tenu à cette mesure : il avait voulu recouvrer l'arriéré des conscriptions antérieures, consistant en 60,000 réfractaires au moins qui n'avaient jamais rejoint...

Napoléon, *qui ne ménageait pas les moyens quand le but lui convenait,* forma dix ou douze colonnes mobiles, composées de cavalerie et d'infanterie légères et choisies parmi les plus vieilles troupes, les plaça sous les ordres de généraux dévoués, leur adjoignit des pelotons de gendarmerie pour les guider et leur fit entreprendre une poursuite des plus actives contre les réfractaires. Ces colonnes *étaient autorisées à traiter militairement les provinces qu'elles allaient parcourir et à mettre des soldats en garnison chez les familles dont les enfants avaient manqué à l'appel. Ces soldats devaient être logés, nourris et payés par les parents des réfractaires, jusqu'à ce que ceux-ci eussent fait leur soumission.* C'est de là que leur vint le nom, fort effrayant à cette époque, de *garnisaires.* Si on songe que ces colonnes étaient portées, d'après leur composition, à regarder le refus du service militaire comme un délit à la fois honteux et criminel, *qui faisait peser exclusivement sur les vieux soldats les chances de la guerre;* si on songe *qu'elles avaient pris à l'étranger l'habitude de vivre en troupes conquérantes,* on concevra facilement qu'elles devaient commettre *plus d'un excès,* et que leurs courses, ajoutées au déplaisir de la levée de 1811, devaient en diverses provinces pousser le chagrin presque jusqu'au désespoir. »

(THIERS, tome XIII, *Hist. du C. et de l'E.*)

*pas de perdre leurs enfants, mais de ne pouvoir aller avec
eux sur le champ de bataille mériter un regard de l'empereur.*

N'était-il pas naturel que tout cet encens montât à la
tête d'un homme dont les volontés étaient toutes-puissantes aussi bien dans le reste de l'Europe qu'en France?
Et lorsque le clergé lui-même consentait à mettre dans
son catéchisme les devoirs du Français envers l'empereur
à peu près sur la même ligne que ceux du chrétien envers
Dieu (1), peut-on trouver étrange que l'empereur n'en
vînt, malgré la rectitude première de son jugement, à se
croire quelque chose de plus qu'un homme?

*La toute-puissance porte en soi une folie incurable : la
tentation de tout faire, quand on peut tout faire, même le
mal après le bien* (2), et cette folie fausse les jugements les
plus droits à ce point qu'ils en viennent à méconnaître les
notions les plus élémentaires de la justice et de l'équité.
Cette loi est inflexible, et, pas plus qu'un autre, Napoléon ne pouvait échapper à cette déviation du sens moral,
à cette oblitération de la conscience du juste et de l'injuste qui caractérisent l'incurable folie de la toute-puissance.

Nous serons sobres d'exemples à l'appui de cette affirmation *à priori*, nous nous contenterons d'en rappeler
trois, pris à trois époques différentes, en 1801, en 1804 et
en 1813 :

1° Le 4 janvier 1801, quelques jours après l'attentat de
la rue Saint-Nicaise, Napoléon signait une résolution or-

---

(1) Voici ce que disait le catéchisme *officiel* :

« Que doit-on penser de ceux qui manqueraient à leur devoir envers notre
Empereur ?

« Selon l'apôtre saint Paul, ils résisteraient à l'ordre établi de Dieu même
et se rendraient dignes *de la damnation éternelle.* »

(2) Thiers, *Histoire du Consulat et de l'Empire*, tome XX.

donnant la transportation *sans jugement* de cent trente
terroristes (1) soupçonnés d'avoir commis un crime auquel
ils étaient complétement étrangers ; et alors qu'il signait
cette résolution, le 4 janvier, Napoléon, s'il n'avait pas la
certitude de l'innocence des terroristès, avait du moins *les
doutes les plus sérieux sur leur culpabilité* (2). Le 18 janvier, bien peu de jours après que ces malheureux avaient
été dirigés vers Nantes pour y être embarqués, les véritables coupables furent arrêtés. Napoléon révoqua-t-il cet
acte inique qui frappait de la peine de la déportation *des
innocents* (3)? Il ne comprit même pas *l'immoralité* de
cette terrible mesure administrative : « Il ne laissa voir
aucun regret ; il trouva que ce qu'on avait fait *était bien
fait de tous points*, qu'il était débarrassé de ce qu'il
appelait l'état-major des jacobins (4). »

Second exemple : Au mois de mars 1804, la police impériale venait de découvrir le complot formé contre la
vie du premier consul par Georges Cadoudal et Pichegru,
et les indices recueillis faisaient connaître la participation à ce complot d'un des Bourbons réfugiés en Angleterre. Le gouvernement consulaire présente au Corps

---

(1) La résolution de transportation *sans jugement* de cent trente personnes
fut soumise au Sénat, qui déclara que la résolution du premier consul était
une mesure conservatrice de la constitution.

(2) A la date du 4 janvier, les témoins qui avaient été en rapport avec les
auteurs de la machine infernale avaient été confrontés avec les deux cents
révolutionnaires arrêtés à l'occasion de ce crime et n'avaient reconnu aucun
d'entre eux. Un des signalements donnés par ces témoins concordait absolument avec celui d'un des royalistes, d'un des agents de Georges Cadoudal,
dont la présence avait été constatée à Paris et dont on avait perdu les traces
depuis le jour de l'attentat. Aussi le premier consul n'avait-il pas voulu
qu'on mentionnât dans la résolution de transportation la culpabilité des
terroristes. « On le croit, avait-il dit, *on n'en est pas certain.* »

(3) Ces malheureux étaient, pour la plupart, peu dignes d'intérêt; mais,
eussent-ils été cent fois plus méprisables que ne l'étaient certains d'entre
eux, ils étaient *innocents* du crime qui avait servi de prétexte à leur déportation.

(4) Thiers, *Histoire du Consulat et de l'Empire.*

législatif, *qui l'adopte le même jour sans aucune réclamation*, une loi dont voici les dispositions :

« Quiconque donnera asile à Georges, à Pichegru et à leurs complices *sera puni de mort;* quiconque les ayant vus, ou connaissant leur retraite, *ne les dénoncerait pas* serait puni de six ans de fers. »

Georges, Pichegru et leurs complices ne tardèrent pas à être arrêtés, mais *c'est un honneur pour la moralité de la nation française* qu'aucun d'entre eux n'ait été livré ou dénoncé en exécution des tristes prescriptions de cette loi (1). Mais le Bourbon attendu d'Angleterre ne paraissant pas (2), le premier consul envoya un sous-officier de gendarmerie à Ettenheim, dans le grand-duché de Bade, prendre des renseignements sur un autre Bourbon, le jeune duc d'Enghien, qui y avait fixé sa résidence. Le jeune duc d'Enghien partageait son temps entre un amour et la chasse ; il faisait de fréquentes absences pour se livrer à ce dernier plaisir dans la forêt Noire, et le bruit courait qu'il commettait parfois l'imprudence d'aller au spectacle à Strasbourg. L'agent du premier consul, dans son rapport, parla des fréquentes absences du jeune prince, et parmi les personnes qui l'entouraient, il signala, trompé par la prononciation allemande, le général Dumouriez,, alors que c'était un émigré, le marquis de Thumery, que le duc d'Enghien avait auprès de lui. A la réception de ce rapport, le premier consul, convaincu de la culpabilité du duc d'En-

---

(1) Pichegru, avec une confiance qui honore *M. Barbé Marbois*, alla pendant vingt-quatre heures demander asile à ce ministre du premier consul, et celui-ci ne le lui refusa pas.

(2) Le premier consul avait envoyé le colonel Savary surveiller le lieu habituel du débarquement des conjurés, il disait hautement qu'il ferait fusiller comme le premier coupable venu le prince qui lui tomberait sous la main, et qu'il saurait montrer qu'il n'avait pas plus peur de verser le sang d'un Bourbon que celui du dernier des chouans.

ghien, convoqua en conseil extraordinaire ses deux collègues au consulat, les ministres et Fouché, et fit décider,
ou plutôt décida que le jeune prince devait être enlevé
sur le territoire badois, ainsi que Dumouriez.

Le duc d'Enghien fut enlevé, en effet, le 15 mars, par
le colonel Ordener qui, avec ses soldats, avait violé le
territoire du grand-duché de Bade. Mais le procès-verbal
de cette triste expédition constata que ce n'était pas
Dumouriez, mais le marquis de Thumery qui était auprès
de ce prince, et l'on ne saisit aucun papier compromettant
pour le duc d'Enghien. Extrait de la citadelle de Strasbourg le 18 mars, le prisonnier arrivait le 20 à l'une des
barrières de Paris, et demandait en vain à voir le premier
consul avant d'être transféré à Vincennes. Quelques
heures après, il comparaissait devant un conseil de
guerre composé par le premier consul et auquel Savary
avait été porter les ordres du maître, ordres dont il était
chargé de surveiller l'exécution. Ces ordres étaient
ceux-ci : injonction de se réunir immédiatement, de tout
finir dans la nuit, et si la condamnation était capitale, de
faire exécuter le condamné sur-le-champ. Le prince nia
toute participation au complot, mais il avoua avoir porté
les armes contre la France et être tout prêt à recom-
mencer. Le conseil de guerre prononça la condamnation
provoquée par les ordres du premier consul. Une seule
chance restait au condamné, M. Réal avait dû recevoir
l'ordre de l'interroger et le pouvoir de suspendre l'exécution de la sentence, mais M. Réal n'arrivait pas, et
comme le jour approchait, le duc d'Enghien fut fusillé
dans un des fossés du château : il fallait que tout *fût
fini dans la nuit.* Le colonel Savary, revenant annoncer
au premier consul que ses ordres avaient été exécutés,
rencontra sur la route M. Réal qui venait interroger le
prisonnier et qu'un hasard malheureux avait empêché de

prendre en temps utile connaissance des ordres qui lui avaient été envoyés.

Le premier consul regretta-t-il d'avoir fait fusiller le duc d'Enghien, arrêté sur le territoire étranger au mépris du droit des gens et frappé pour un complot auquel il n'avait pris aucune part? Il est permis d'en douter, quand le soir de l'exécution, il prononçait ces paroles à la Malmaison : « On veut détruire la révolution en s'attaquant à ma personne, car je suis la révolution, moi... on y regardera *à partir d'aujourd'hui, car on saura de quoi nous sommes capables* (1). » Il est permis d'en douter encore plus quand, à la note de la Russie, protestant comme garante de la Confédération germanique contre la violation du territoire badois, il répondait par une sanglante allusion au meurtre de Paul Ier, allusion frappant en plein visage le czar Alexandre qu'on allait jusqu'à accuser de complicité dans cet horrible attentat. Cette tragédie du duc d'Enghien, un hasard malheureux avait seul empêché qu'elle ne fût arrêtée avant son dénoûment sanglant et irréparable. Mais qu'est-ce qu'un régime politique *dans lequel la vie d'un innocent est à la merci d'un hasard malheureux?*

Troisième exemple : Au mois d'avril 1813, plusieurs citoyens d'Anvers avaient été traduits devant le jury de cette ville comme prévenus *du crime* de contrebande, et ils avaient été acquittés par le jury. Irrité de cet acquittement, l'empereur déféra le jugement au Sénat, et obtint de lui *la cassation de ce jugement*, cassation qui remettait en cause le grand principe de *l'inviolabilité des arrêts judiciaires*. Mais il ne se borna pas à cette première et exorbitante demande, et comme s'il eût voulu prouver au

---

(1) Thiers, *Histoire du Consulat et de l'Empire.*

monde qu'il n'avait plus aucune notion du juste et de l'injuste, il demanda encore au Sénat, et par conséquent fit
décréter par lui :

*La mise en jugement, sans l'intervention du jury, non-
seulement des citoyens acquittés, mais aussi des jurés qui
s'étaient permis de les acquitter.*

Il est difficile d'aller plus loin, et la cassation de la décision du jury d'Anvers suffirait seule à donner la mesure
de cette folie de la toute-puissance chez Napoléon, la
mesure aussi de la soumission du Sénat, devenu l'instrument aveugle et docile d'une volonté aussi impatiente
de tout obstacle, qu'insoucieuse de toute forme légale et
de tout principe de droit et d'équité (1).

---

(1) Il est curieux et instructif de mettre en regard de cette accusation du
jury d'Anvers, prononcée *par le Sénat* en 1813, les considérants de l'acte de
déchéance, voté le 2 avril 1814 par le même Sénat :

« Napoléon a violé toutes les lois en vertu desquelles il a été appelé à régner; il a opprimé la liberté privée et publique, enfermé arbitrairement des
citoyens, imposé silence à la presse, levé les hommes et les impôts en violation des formes ordinaires, versé le sang de la France dans des guerres
folles et inutiles, couvert l'Europe de cadavres, jonché les routes de blessés
français abandonnés, enfin porté l'audace jusqu'à ne plus respecter le principe du vote de l'impôt par la nation, en levant des contributions dans le
mois de janvier dernier sans le concours du Corps législatif, jusqu'à ne pas
même respecter la chose jugée en faisant casser, l'année précédente, la décision du jury d'Anvers. »

On comprend l'indignation de Napoléon en trouvant de tels reproches
dans la bouche du Sénat, et on est porté à excuser les dures paroles, à
l'adresse de cette assemblée, que contient son ordre du jour à l'armée le
5 avril 1814 : « Le Sénat se fonde sur les articles de la constitution pour la
renverser; il ne rougit pas de faire des reproches à l'Empereur sans remarquer que, comme premier corps de l'État, il a pris part à tous les événements. Il est allé si loin qu'il a osé accuser l'Empereur d'avoir changé les
actes dans leur publication. Le monde entier sait qu'il n'avait pas besoin d'un
tel artifice; *un signe était un ordre pour le Sénat qui faisait toujours plus qu'on
ne demandait de lui...* Si longtemps que la fortune s'est montrée fidèle à leur
souverain, ces hommes sont restés fidèles, et *nulle plainte n'a été entendue sur
les abus de pouvoir.* Si l'Empereur avait méprisé les hommes comme on le
lui a reproché, alors le monde reconnaîtrait aujourd'hui qu'*il a eu des raisons
qui motivaient son mépris.* »

Chez une nation ainsi disciplinée à l'obéissance, chez un peuple où la première assemblée portait la soumission à un tel degré, il n'est pas besoin de dire que les fonctionnaires n'étaient que des instruments aveugles et dociles, exécutant, sans songer même à faire une objection, tout ordre *quel qu'il fût*, pourvu qu'il fût régulier en apparence. C'est sur ces habitudes d'obéissance passive que comptait le général Mallet pour le succès de son incroyable tentative, et les événements montrèrent qu'il ne s'était pas trompé, car un hasard seul le fit échouer au port.

Détenu depuis 1808, *par mesure administrative*, le général Mallet sort de la maison de santé dans laquelle il était renfermé et muni de faux actes qu'il avait fabriqués, actes annonçant la mort de l'Empereur, et prononçant la déchéance de sa dynastie, il commande et l'on obéit sans réflexion, sans objection. Il fait ouvrir les portes des prisons aux détenus politiques, *il* fait mettre sous les verrous le ministre de la police et le préfet de police; moins de deux heures après sa sortie de prison, il était maître du ministère et de la préfecture de police, de l'état-major de la place, du trésor, de la banque, de la poste aux lettres et, sur ses ordres, le préfet de Paris préparait une salle à l'Hôtel de Ville pour y recevoir le Gouvernement provisoire.

A la nouvelle de ces événements, Napoléon s'emporta jusqu'à la fureur : « Comment, disait-il, au premier mot de ma mort, sur l'ordre d'un inconnu, des officiers mènent leurs régiments forcer les prisons et se saisir des premières autorités ! Un concierge enferme les ministres sous les verrous ! Un préfet de la capitale, à la voix de quelques soldats se prête à faire arranger la grande salle d'apparat pour je ne sais quelle assemblée de factieux, tandis que l'Impératrice, le roi de Rome, mes ministres et tous les grands pouvoirs de l'État sont là! *Un homme est-il donc tout ici? les institutions, les serments ne sont-ils rien?* »

Oui, un homme était tout! Oui, la nation, désintéressée des affaires publiques, s'inquiétait peu du maintien ou de la chute des institutions ; oui, cette caste de fonctionnaires et de hauts dignitaires qui épuisaient chaque jour les formules les plus emphatiques du dévouement et de l'adulation, se souciaient plus de la conservation de leurs fonctions que de leurs serments. Ils le montraient en 1812 pour la première fois; avant trois ans ils devaient deux fois encore renier leur maitre tombé du piédestal devant lequel, pendant tant d'années, ils s'étaient prosternés.

Ce n'était pas de la fureur que devait éprouver Napoléon en apprenant l'incroyable réussite de la conspiration Mallet, mais un profond découragement; ce sinistre éclair, illuminant d'une terrible clarté les ténèbres épaissies depuis si longtemps autour de lui par les thuriféraires officiels, lui montrait son isolement au milieu de la nation autrefois si affectionnée, aujourd'hui si indifférente, isolement plein de faiblesse et sans autre appui que le dévouement des fonctionnaires, dévouement qu'un mot du conspirateur Mallet pouvait lui faire estimer à sa juste valeur. Interrogé par le président du conseil de guerre qui le jugeait, et sommé de nommer ses complices, Mallet lui avait fait cette réponse, effrayante de vérité : *Toute la France et vous-même si j'avais réussi.* En effet, *le succès* était toute la force de Napoléon, comme il aurait été celle de Mallet; et cette terrible vérité, sortant de la bouche d'un ennemi, pouvait faire prévoir à l'empereur ce que deviendrait, après une défaite, ce pouvoir qu'il avait cru faire si fort en brisant tout obstacle devant lui, et qu'il avait fait si faible en le privant ainsi de tout appui (1). Condamné à vaincre toujours, Napoléon ne pouvait-il prévoir déjà ce que seraient les jours de douloureuse agonie qui suivraient une défaite? Ne pouvait-il déjà se voir après Waterloo, relégué à la Malmaison, aux portes de sa capitale, par l'indifférence de la nation et la prudence des hauts dignitaires de l'empire, marchandant en vain un reste de pouvoir à ceux qui trafiquaient de son trône, fuyant enfin vers un port de l'Océan, afin de ne pas être livré à l'ennemi triomphant par ceux-là mêmes qu'il avait le plus comblés de ses bienfaits, et là, obligé de remettre son sort entre les mains de l'Angleterre, sa plus cruelle ennemie.

Certes, comme l'a dit l'historien du consulat et de l'empire, jamais nation ne fut plus *excusable* de se livrer à un homme que la France, lorsqu'elle confia ses destinées au général Bonaparte. Et pendant quelques années, l'ordre rétabli, la prospérité générale renaissant en même temps que la confiance et la sécurité revenaient, la grandeur nationale portée au plus haut degré, tout put faire croire à la France qu'elle avait eu raison de se donner tout entière en renonçant aux laborieux soucis de la liberté.

Mais les peuples qui abdiquent ainsi leur libre arbitre et chargent un homme de penser et de vouloir à leur place, doivent s'attendre à d'étranges et cruelles surprises; en échange de la liberté qu'ils sacrifient, ils espèrent obtenir la sécurité, le repos, la prospérité et la grandeur nationales. Cependant, un peu plus tôt ou un peu plus tard, un jour arrive fatalement où à la perte des droits qu'ils ont abandonnés volontairement se joint

---

(1) La liberté des citoyens, l'autonomie et l'indépendance des conseils communaux et départementaux, du Corps législatif et du Sénat, n'étaient-ce pas, en effet, autant de forces que Napoléon avait brisées *comme obstacle* et qui, *comme appui*, devaient lui faire défaut aux jours de l'adversité?

celle de tous les biens qu'ils avaient espéré obtenir en échange.

Oui, la France fut *excusable* d'abdiquer entre les mains du général Bonaparte; mais les premiers beaux jours du consulat, qui semblaient être sa justification, durèrent peu, et il ne pouvait en être autrement, car un gouvernement sans contrôle est un navire sans lest et sans boussole qui doit être fatalement entraîné aux abîmes. « *Quelques années après, ce sage, devenu fou, fou d'une autre folie que celle de 93, mais non moins désastreuse, immolait un million d'hommes sur les champs de bataille attirait l'Europe sur la France qu'il laissait vaincue, noyée dans son sang, dépouillée du fruit de vingt ans de victoires, désolée en un mot et n'ayant pour refleurir que les germes de la civilisation moderne déposés dans son sein* » (1).

Voilà où la France avait été amenée par la constitution de l'an VIII, fonctionnant chez un peuple plus désireux de repos et de prospérité que de liberté, par la constitution de l'an VIII, mise en œuvre et modifiée dans un sens de plus en plus antilibéral par un chef à l'esprit dominateur, impatient de tout frein et de toute règle.

Nous allons maintenant étudier la constitution de 1852, et montrer par un exemple vivant, comme nous avons promis de le faire, que deux constitutions presque identiques peuvent conduire à des résultats absolument opposés. La constitution de 1852 affirme hautement, il est vrai, sa filiation incontestable; elle a emprunté ses bases fondamentales à la constitution de l'an VIII, et sur bien des points elle a fait revivre le texte même des sénatus-consultes organiques qui avaient modifié cette constitution.

---

(1) Thiers, *Histoire du Consulat et de l'Empire*.

Mais fonctionnant au milieu d'un peuple, plus désireux de paix et de liberté, qu'avide de gloire, mise en œuvre et amendée dans un sens libéral par un chef sage et prudent, elle conduit la France à une participation de plus en plus grande de la nation à la direction de ses affaires, et son but fatal est la conciliation féconde du pouvoir et de la liberté.

CONSIDÉRATIONS GÉNÉRALES

Le 2 décembre 1851 un décret (1) du prince Louis-Napoléon, président de la république, prononce la dissolution de l'Assemblée nationale, *rétablit le suffrage universel* aboli par la loi du 31 mai et soumet aux suffrages du peuple français les bases fondamentales suivantes *d'une constitution que les assemblées développeront plus tard :*

1° Un chef responsable nommé pour dix ans ;

---

(1) Voici le texte de ce décret :

Le Président de la République

Décrète :

ART. 1er. L'Assemblée nationale est dissoute.

ART. 2. Le suffrage universel est rétabli. La loi du 31 mai est abrogée.

ART. 3. Le Peuple français est convoqué dans ses comices à partir du 14 décembre jusqu'au 21 décembre suivant.

ART. 4. L'état de siége est décrété dans l'étendue de la 1re division militaire.

ART. 5. Le Conseil d'Etat est dissous.

ART. 6. Le ministre de l'intérieur est chargé de l'exécution du présent arrêté.

Fait au palais de l'Élysée, le 2 décembre 1851.

LOUIS-NAPOLÉON BONAPARTE.

Le Ministre de l'Intérieur,

A. DE MORNY.

2° Des ministres dépendant du pouvoir exécutif seul ;

3° Un Conseil d'État formé des hommes les plus distingués, préparant les lois et en soutenant la discussion devant le Corps législatif ;

4° Un Corps législatif discutant et votant les lois, nommé par le suffrage universel, sans scrutin de liste qui fausse l'élection ;

5° Une seconde assemblée, formée de toutes les illustrations du pays, pouvoir pondérateur. gardien du pacte fondamental et des libertés publiques (1).

---

(1)   APPEL AU PEUPLE

Français !

La situation actuelle ne peut durer plus longtemps. Chaque jour qui s'écoule aggrave les dangers du pays. L'Assemblée, qui devait être le plus ferme appui de l'ordre, est devenue un foyer de complots. Le patriotisme de trois cents de ses membres n'a pu arrêter ses fatales tendances. Au lieu de faire des lois dans l'intérêt général, elle forge des armes pour la guerre civile ; elle attente au pouvoir que je tiens directement du Peuple ; elle encourage toutes les mauvaises passions ; elle compromet le repos de la France : je l'ai dissoute, et je rends le Peuple entier juge entre elle et moi.

La Constitution, vous le savez, avait été faite dans le but d'affaiblir d'avance le pouvoir que vous alliez me confier. Six millions de suffrages furent une éclatante protestation contre elle, et cependant je l'ai fidèlement observée. Les provocations, les calomnies, les outrages m'ont trouvé impassible. Mais aujourd'hui que le pacte fondamental n'est plus respecté de ceux-là mêmes qui l'invoquent sans cesse, et que les hommes qui ont déjà perdu deux monarchies veulent me lier les mains, afin de renverser la République, mon devoir est de déjouer leurs perfides projets, de maintenir la République et de sauver le pays en invoquant le jugement solennel du seul souverain que je reconnaisse en France, le Peuple.

Je fais donc un appel loyal à la nation tout entière, et je vous dis : Si vous voulez continuer cet état de malaise qui nous dégrade et compromet notre avenir, choisissez un autre à ma place, car je ne veux plus d'un pouvoir qui est impuissant à faire le bien, me rend responsable d'actes que je ne puis empêcher, et m'enchaîne au gouvernail quand je vois le vaisseau courir vers l'abîme.

Si, au contraire, vous avez encore confiance en moi, donnez-moi les moyens d'accomplir la grande mission que je tiens de vous.

Cette mission consiste à fermer l'ère des révolutions en satisfaisant les besoins légitimes du Peuple et en le protégeant contre les passions subversives. Elle consiste surtout à créer des institutions qui survivent aux hommes

Ces bases fondamentales, soumises au suffrage universel, les 20 et 21 décembre 1851, furent acceptées par 7,481,231 *voix* sur, 8,165,630 *votants;* c'est sur ces bases que le prince Louis-Napoléon Bonaparte publia, le 14 janvier 1852, la constitution qu'il avait rédigée en vertu des pouvoirs qui lui avaient été délégués par le peuple français les 20 et 21 décembre 1851.

Le dernier article de cette constitution était ainsi conçu :

---

et qui soient enfin des fondations sur lesquelles on puisse asseoir quelque chose de durable.

Persuadé que l'instabilité du Pouvoir, que la prépondérance d'une seule Assemblée sont des causes permanentes de trouble et de discorde, je soumets à vos suffrages les bases fondamentales suivantes d'une Constitution que les Assemblées développeront plus tard :

1° Un chef responsable nommé pour dix ans;

2° Des ministres dépendants du Pouvoir exécutif seul ;

3° Un Conseil d'État formé des hommes les plus distingués, préparant les lois et en soutenant la discussion devant le Corps législatif;

4° Un Corps législatif discutant et votant les lois, nommé par le suffrage universel, sans scrutin de liste qui fausse l'élection ;

5° Une seconde Assemblée, formée de toutes les illustrations du pays, pouvoir pondérateur, gardien du pacte fondamental et des libertés publiques.

Ce système, créé par le Premier Consul au commencement du siècle, a déjà donné à la France le repos et la prospérité; il les lui garantirait encore.

Telle est ma conviction profonde. Si vous la partagez, déclarez-le par vos suffrages. Si, au contraire, vous préférez un gouvernement sans force, monarchique ou républicain, emprunté à je ne sais quel passé ou à quel avenir chimérique, répondez négativement.

Ainsi donc, pour la première fois depuis 1804, vous voterez en connaissance de cause, en sachant bien pour qui et pour quoi.

Si je n'obtiens pas la majorité de vos suffrages, alors je provoquerai la réunion d'une nouvelle Assemblée, et je lui remettrai le mandat que j'ai reçu de vous.

Mais si vous croyez que la cause dont mon nom est le symb le, c'est-à-dire la France régénérée par la révolution de 89 et organisée par l'Empereur, est toujours la vôtre, proclamez-le en consacrant les pouvoirs que je vous demande.

Alors la France et l'Europe seront préservées de l'anarchie, les obstacles s'aplaniront, les rivalités auront disparu; car tous respecteront, dans l'arrêt du Peuple, le décret de la Providence.

Fait au palais de l'Élysée, le 2 décembre 1851.

« La présente constitution sera en vigueur à dater du jour où les grands corps d'État qu'elle organise seront constitués.

« Les décrets rendus par le président de la république, à partir du 2 décembre jusqu'à cette époque, auront force de loi. »

Le Sénat et le Corps législatif ayant été réunis pour la première fois le 29 mars 1852, c'est seulement à dater de ce jour que la constitution a été mise en vigueur.

La proclamation suivante, qui servait, pour ainsi dire, de préambule à la constitution publiée le 14 janvier 1852, fait connaître l'esprit qui a présidé à la rédaction de cette constitution :

LOUIS-NAPOLÉON, président de la république,
au peuple français.

« Français !

« Lorsque, dans ma proclamation du 2 décembre, je vous exprimai loyalement quelles étaient, à mon sens, les conditions vitales du Pouvoir en France, je n'avais pas la prétention, si commune de nos jours, de substituer une théorie personnelle à l'expérience des siècles. J'ai cherché, au contraire, quels étaient dans le passé les exemples les meilleurs à suivre, quels hommes les avaient donnés, et quel bien en était résulté.

« Dès lors, j'ai cru logique de préférer les préceptes du génie aux doctrines spécieuses d'hommes à idées abstraites. J'ai pris comme modèle les institutions politiques qui déjà, au commencement de ce siècle, dans des circonstances analogues, ont raffermi la société ébranlée et élevé la France à un haut degré de prospérité et de grandeur.

« J'ai pris comme modèle les institutions qui, au lieu de disparaître au premier souffle des agitations populaires, n'ont été renversées que par l'Europe entière coalisée contre nous.

« En un mot, je me suis dit : Puisque la France ne marche depuis cinquante ans qu'en vertu de l'organisation administrative, militaire, judiciaire, religieuse, financière, du consulat et de l'empire, pourquoi n'adopterions-nous pas aussi les institutions politiques de cette époque? Créées par la même pensée, elles doivent porter en elles le même caractère de nationalité et d'utilité pratique.

« En effet, ainsi que je l'ai rappelé dans ma proclamation, notre société actuelle, il est essentiel de le constater, n'est pas autre chose que la France régénérée par la révolution de 89 et organisée par l'Empereur. Il ne reste plus rien de l'ancien régime que de grands souvenirs et de grands bienfaits. Mais tout ce qui alors était organisé a été détruit par la révolution, et tout ce qui a été organisé depuis la révolution et qui existe encore l'a été par Napoléon.

« Nous n'avons plus ni provinces, ni pays d'état, ni parlements, ni intendants, ni fermiers généraux, ni coutumes diverses, ni droits féodaux, ni classes privilégiées en possession exclusive des emplois civils et militaires, ni juridictions religieuses différentes.

« A tant de choses incompatibles avec elle, la révolution avait fait subir une réforme radicale ; mais elle n'avait rien fondé de définitif. Seul, le premier consul rétablit l'unité, la hiérarchie et les véritables principes du Gouvernement. Ils sont encore en vigueur.

« Ainsi, l'administration de la France confiée à des préfets, à des sous-préfets, à des maires, qui substituaient l'unité aux commissions directoriales; la décision des affaires, au contraire, donnée à des conseils, depuis la commune jusqu'au département. Ainsi, la magistrature affermie par l'inamovibilité des juges, par la hiérarchie des tribunaux ; la justice rendue plus facile par la délimitation des attributions, depuis la justice jusqu'à la cour de cassation. Tout cela est encore debout.

« De même, notre admirable système financier, la banque de France, l'établissement des budgets, la cour des comptes, l'organisation de la police, nos règlements militaires datent de cette époque.

« Depuis cinquante ans, c'est le Code Napoléon qui règle les intérêts des citoyens entre eux ; c'est encore le concordat qui règle les rapports de l'État avec l'Église.

« Enfin la plupart des mesures qui concernent les progrès de l'industrie, du commerce, des lettres, des sciences, des arts, depuis les règlements du Théâtre-Français jusqu'à ceux de l'Institut, depuis l'institution des prud'hommes jusqu'à la création de la Légion d'honneur, ont été fixées par les décrets de ce temps.

« On peut donc l'affirmer, la charpente de notre édifice social est l'œuvre de l'Empereur, et elle a résisté à sa chute et à trois révolutions.

« Pourquoi, avec la même origine, les institutions politiques n'auraient-elles pas les mêmes chances de durée ?

« Ma conviction était formée depuis longtemps, et c'est pour cela que j'ai soumis à votre jugement les bases principales d'une constitution empruntées à celle de l'an VIII. Approuvées par vous, elles vont devenir le fondement de notre constitution politique.

« Examinons quel en est l'esprit :

« Dans notre pays, monarchique depuis huit cents ans, le pouvoir central a toujours été en s'augmentant. La royauté a détruit les grands vassaux ; les révolutions elles-mêmes ont fait disparaître les obstacles qui s'opposaient à l'exercice rapide et uniforme de l'autorité. Dans ce pays de centralisation, l'opinion publique a sans cesse tout rapporté au chef du Gouvernement, le bien comme le mal. Aussi, écrire en tête d'une charte que ce chef est irresponsable, c'est mentir au sentiment public, c'est vouloir établir une fiction qui s'est trois fois évanouie au bruit des révolutions.

« La constitution actuelle proclame, au contraire, que le chef que vous avez élu est responsable devant vous ; qu'il a toujours le droit de faire appel à votre jugement souverain, afin que, dans les circonstances solennelles, vous puissiez lui continuer ou lui retirer votre confiance.

« Étant responsable, il faut que son action soit libre et sans entraves. De là l'obligation d'avoir des ministres qui soient les auxiliaires honorés et puissants de sa pensée, mais qui ne forment plus un conseil responsable, composé de membres solidaires, obstacle journalier à l'impulsion particulière du chef de l'État, expression d'une politique émanée des chambres, et par là même exposée à des changements fréquents, qui empêchent tout esprit de suite, toute application d'un système régulier.

« Néanmoins, plus un homme est haut placé, plus il est indépendant, plus la confiance que le peuple a mise en lui est grande, plus il a besoin de conseils éclairés, consciencieux. De là la création d'un Conseil d'État, désormais véritable conseil du Gouvernement, premier rouage de notre organisation nouvelle, réunion d'hommes pratiques élaborant les projets de lois dans des commissions spéciales, les discutant à huis clos, sans ostentation oratoire, en assemblée générale, et les présentant ensuite à l'acceptation du Corps législatif.

« Ainsi le pouvoir est libre dans ses mouvements, éclairé dans sa marche.

« Quel sera maintenant le contrôle exercé par les assemblées?

« Une chambre qui prend le titre de Corps législatif, vote les lois et l'impôt. Elle est élue par le suffrage universel, sans scrutin de liste. Le peuple, choisissant isolément chaque candidat, peut plus facilement apprécier le mérite de chacun d'eux.

« La chambre n'est plus composée que d'environ deux cent soixante membres. C'est là un première garantie du calme des délibérations, car trop souvent on a vu dans les assemblées la mobilité et l'ardeur des passions croître en raison du nombre.

« Le compte rendu des séances qui doit instruire la nation n'est plus livré, comme autrefois, à l'esprit de parti de chaque journal; une publication officielle, rédigée par les soins du président de la chambre, en est seule permise.

« Le Corps législatif discute librement la loi, l'adopte ou la repousse, mais il n'y introduit pas à l'improviste de ces amendements qui dérangent souvent toute l'économie d'un système et l'ensemble du projet primitif. A plus forte raison n'a-t-il pas cette initiative parlementaire qui était la source de si graves abus, et qui permettait à chaque député de se substituer à tout propos au Gouvernement en présentant les projets les moins étudiés, les moins approfondis.

« La chambre n'étant plus en présence des ministres, et les projets de lois étant soutenus par les orateurs du Conseil d'État, le temps ne se perd pas en vaines interpellations, en accusations frivoles, en luttes passionnées dont l'unique but était de renverser les ministres pour les remplacer.

« Ainsi donc, les délibérations du Corps législatif seront indépendantes; mais les causes d'agitations stériles

auront été supprimées, des lenteurs salutaires apportées
à toute modification de la loi. Les mandataires de la
nation feront mûrement les choses sérieuses.

« Une autre assemblée prend le nom de Sénat. Elle
sera composée des éléments qui, dans tout pays, créent
les influences légitimes : le nom illustre, la fortune, le
talent et les services rendus.

« Le Sénat n'est plus, comme la chambre des pairs, le
pâle reflet de la chambre des députés, répétant, à quelques jours d'intervalle, les mêmes discussions sur un autre
ton. Il est le dépositaire du pacte fondamental et des
libertés compatibles avec la constitution ; et c'est uniforme-
ment sous le rapport des grands principes sur lesquels
repose notre société, qu'il examine toutes les lois et qu'il
en propose de nouvelles au pouvoir exécutif. Il intervient,
soit pour résoudre toute difficulté grave qui pourrait
s'élever pendant l'absence du Corps législatif, soit pour
expliquer le texte de la constitution et assurer ce qui est
nécessaire à sa marche. Il a le droit d'annuler tout acte
arbitraire et illégal, et, jouissant ainsi de cette considération qui s'attache à un corps exclusivement occupé de
l'examen de grands intérêts ou de l'application de grands
principes, il remplit dans l'État le rôle indépendant, salutaire, conservateur, des anciens parlements.

« Le Sénat ne sera pas, comme la chambre des pairs,
transformé en cour de justice : il conservera son caractère de modérateur suprême, car la défaveur atteint toujours les corps politiques lorsque le sanctuaire des législateurs devient un tribunal criminel. L'impartialité du
juge est trop souvent mise en doute, et il perd de son
prestige devant l'opinion, qui va quelquefois jusqu'à l'accuser d'être l'instrument de la passion ou de la haine.

« Une haute cour de justice, choisie dans la haute magistrature, ayant pour jurés des membres des conseils géné-

raux de toute la France, réprimera seule les attentats contre le chef de l'État et la sûreté publique.

« L'empereur disait au Conseil d'État : « *Une consti-* « *tution est l'œuvre du temps; on ne saurait laisser une* « *trop large voie aux améliorations.* » Aussi la constitution présente n'a-t-elle fixé que ce qu'il était impossible de laisser incertain. Elle n'a pas enfermé dans un cercle infranchissable les destinées d'un grand peuple; elle a laissé aux changements une assez large voie pour qu'il y ait, dans les grandes crises, d'autres moyens de salut que l'expédient désastreux des révolutions.

« Le Sénat peut, de concert avec le Gouvernement, modifier tout ce qui n'est pas fondamental dans la constitution; mais quant aux modifications à apporter aux bases premières, sanctionnées par vos suffrages, elles ne peuvent devenir définitives qu'après avoir reçu votre ratification.

« Ainsi le peuple reste toujours maître de sa destinée. Rien de fondamental ne se fait en dehors de sa volonté.

« Telles sont les idées, tels sont les principes dont vous m'avez autorisé à faire l'application. Puisse cette constitution donner à notre patrie des jours calmes et prospères ! Puisse-t-elle prévenir le retour de ces luttes intestines où la victoire, quelque légitime qu'elle soit, est toujours chèrement achetée! Puisse la sanction que vous avez donnée à mes efforts être bénie du Ciel ! Alors la paix sera assurée au dedans et au dehors, mes vœux seront comblés, ma mission sera accomplie !

« Palais des Tuileries, le 14 janvier 1852.

« LOUIS-NAPOLÉON BONAPARTE. »

Cette proclamation explique clairement le rôle destiné à chacun des rouages du nouveau mécanisme constitutionnel et donne une idée exacte de l'esprit qui a présidé à la rédaction de la constitution de 1852. Mais elle peut être utilement complétée, à ce dernier point de vue, par le discours prononcé par le prince-président, à l'installation des grands corps de l'État, le 29 mars 1852.

« Messieurs les Sénateurs, Messieurs les Députés,

« La dictature que le peuple m'avait confiée cesse aujourd'hui. Les choses vont reprendre leur cours régulier. C'est avec un sentiment de satisfaction réelle que je viens proclamer ici la mise en vigueur de la constitution; car ma préoccupation constante a été, non-seulement de rétablir l'ordre, mais de le rendre durable en dotant la France d'institutions appropriées à ses besoins.

« Il y a quelques mois à peine, vous vous en souvenez, plus je m'enfermais dans le cercle étroit de mes attributions, plus on s'efforçait de le rétrécir encore, afin de m'ôter le mouvement et l'action. Découragé souvent, je l'avoue, j'eus la pensée d'abandonner un pouvoir ainsi disputé. Ce qui me retint, c'est que je ne voyais pour me succéder qu'une chose : l'anarchie. Partout, en effet, s'exaltaient des passions ardentes à détruire, incapables de rien fonder. Nulle part ni une institution, ni un homme à qui se rattacher; nulle part un droit incontesté, une organisation quelconque, un système réalisable.

« Aussi lorsque, grâce au concours de quelques hommes courageux, grâce surtout à l'énergique attitude de l'armée, tous les périls furent conjurés en quelques heures, mon premier soin fut de demander au peuple des institutions. Depuis trop longtemps la société ressemblait à une pyramide qu'on aurait retournée et voulu faire reposer sur son sommet; je l'ai replacée sur sa base. Le suffrage universel, seule source du droit dans de pareilles conjonctures, fut immédiatement rétabli; l'autorité reconquit son ascendant; enfin, la France adoptant les dispositions principales de la constitution que je lui soumettais, il me fut permis de créer des corps politiques dont l'influence et la considération seront d'autant plus grandes que leurs attributions auront été sagement réglées.

« Parmi les institutions politiques, en effet, celles-là seules ont de la durée, qui fixent d'une manière équitable la limite où chaque pouvoir doit s'arrêter. Il n'est pas d'autre moyen d'arriver à une application utile et bienfaisante de la liberté : les exemples n'en sont pas loin de nous.

« Pourquoi, en 1814, a-t-on vu avec satisfaction, en dépit de nos revers, inaugurer le régime parlementaire? C'est que l'empereur, ne craignons pas de l'avouer, avait été, à cause de la guerre, entraîné à un exercice trop absolu du pouvoir.

« Pourquoi, au contraire, en 1851, la France applaudit-elle à la chute de ce même régime parlementaire? C'est que les chambres avaient abusé de l'influence qui leur avait été donnée et que, voulant tout dominer, elles compromettaient l'équilibre général.

« Enfin pourquoi la France ne s'est-elle pas émue des restrictions apportées à la liberté de la presse et à la liberté individuelle? C'est que l'une avait dégénéré en licence, et que l'autre, au lieu d'être l'exercice réglé du droit de chacun, avait par d'odieux excès menacé le droit de tous.

« Cet extrême danger, pour les démocraties surtout, de voir sans cesse des institutions mal définies sacrifier tour à tour le pouvoir ou la liberté, a été parfaitement apprécié par nos pères, il y a un demi-siècle, lorsqu'au sortir de la tourmente révolutionnaire, et après le vain essai de toute espèce de régimes, ils proclamèrent la constitution de l'an VIII, qui a servi de modèle à celle de 1852. Sans doute, elles ne sanctionnent pas toutes ces libertés, aux abus même desquelles nous étions habitués, mais elles en consacrent aussi de bien réelles. Le lendemain des révolutions, la première des garanties pour un peuple ne consiste pas dans l'usage immodéré de la tribune et de la presse, elle est dans le droit de choisir le Gouvernement qui lui convient. Or, la nation française a donné, peut-être pour la première fois, au monde le spectacle imposant d'un grand peuple votant en toute liberté la forme de son gouvernement.

« Ainsi, le chef de l'État que vous avez devant vous est bien l'expression de la volonté populaire; et devant moi, que vois-je? deux Chambres : l'une élue en vertu de la loi la plus libérale qui existe au monde, l'autre nommée par moi, il est vrai, mais indépendante aussi, parce qu'elle est inamovible.

« Autour de moi vous remarquez des hommes d'un patriotisme et d'un mérite reconnus, toujours prêts à m'appuyer de leurs conseils, à m'éclairer sur les besoins du pays.

« Cette constitution qui, dès aujourd'hui, va être mise en pratique, n'est donc pas l'œuvre d'une vaine théorie ou du despotisme, c'est l'œuvre de l'expérience et de la raison. Vous m'aiderez, Messieurs, à la consolider, à l'étendre, à l'améliorer.

« Je ferai connaître au Sénat et au Corps législatif l'exposé de la situation de la république. Ils y verront que partout la confiance a été rétablie, que partout le travail a repris, et que, pour la première fois après un grand changement politique, la fortune publique s'est accrue au lieu de diminuer.

« Depuis quatre mois, il a été possible à mon Gouver-

nement d'encourager bien des entreprises utiles, de ré-
compenser bien des services, de secourir bien des mi-
sères, de rehausser même la position de la plus grande
partie des principaux fonctionnaires, et tout cela sans
aggraver les impôts ou déranger les prévisions du budget,
que nous sommes heureux de vous présenter en équilibre.

« De pareils faits et l'attitude de l'Europe, qui a accueilli avec satisfaction les changements survenus, nous
donnent un juste espoir de sécurité pour l'avenir : car si
la paix est garantie au dedans, elle l'est également au
dehors. Les puissances étrangères respectent notre indépendance, et nous avons tout intérêt à conserver avec
elles les relations les plus amicales. Tant que l'honneur
de la France ne sera pas engagé, le devoir du Gouvernement sera d'éviter avec soin toute cause de perturbation
en Europe, et de tourner tous nos efforts vers les améliorations intérieures, qui peuvent seules procurer l'aisance
aux classes laborieuses et assurer la prospérité du pays.

« Et maintenant, Messieurs, au moment où vous vous
associez avec patriotisme à mes travaux, je veux vous
exposer franchement quelle sera ma conduite.

« En me voyant rétablir les institutions et les souvenirs
de l'empire, on a répété souvent que je désirais rétablir
l'empire même. Si telle était ma préoccupation constante,
cette transformation serait accomplie depuis longtemps :
ni les moyens, ni les occasions ne m'ont manqué.

« Ainsi en 1848, lorsque six millions de suffrages me
nommèrent en dépit de la Constituante, je n'ignorais pas
que le simple refus d'acquiescer à la constitution pouvait
me donner un trône. Mais une élévation qui devait nécessairement entraîner de graves désordres ne me séduisit
pas.

« Au 13 juin 1849, il m'était également facile de changer
la forme du gouvernement, je ne le voulus pas.

« Enfin, au 2 décembre, si des considérations personnelles l'eussent emporté sur les graves intérêts du pays,
j'eusse d'abord demandé au peuple, qui ne l'eût pas refusé, un titre pompeux. Je me suis contenté de celui que
j'avais.

« Lors donc que je puise des exemples dans le consulat
et l'empire, c'est que là, surtout, je les trouve empreints
de nationalité et de grandeur. Résolu aujourd'hui, comme
avant, de faire tout pour la France, rien pour moi, je
n'accepterais de modification à l'état présent des choses
que si j'y étais contraint par une nécessité évidente. D'où
peut-elle naître? Uniquement de la conduite des partis.
S'ils se résignent, rien ne sera changé. Mais si, par leurs
sourdes menées, ils cherchaient à saper les bases de mon
Gouvernement; si, dans leur aveuglement, ils niaient la
légitimité du résultat de l'élection populaire; si, enfin, ils
venaient sans cesse par leurs attaques mettre en question
l'avenir du pays, alors, mais seulement alors, il pourrait
être raisonnable de demander au peuple, au nom du repos
de la France, un nouveau titre qui fixât irrévocablement
sur ma tête le pouvoir dont il m'a revêtu. Mais ne nous
préoccupons pas d'avance de difficultés qui n'ont sans
doute rien de probable. Conservons la république : elle
ne menace personne, elle peut rassurer tout le monde.
Sous sa bannière je veux inaugurer de nouveau une ère
d'oubli et de conciliation, et j'appelle, sans distinction,
tous ceux qui veulent franchement concourir avec moi au
bien public.

« La Providence, qui jusqu'ici a si visiblement béni mes
efforts, ne voudra pas laisser son œuvre inachevée; elle
nous animera tous de ses inspirations, et nous donnera
la sagesse et la force nécessaires pour consolider un ordre
de choses qui assurera le bonheur de notre patrie et le
repos de l'Europe. »

C'est le 29 mars 1852 que le prince-président prononçait ce discours qui inaugurait la mise en vigueur de la constitution du 14 janvier 1852 ; cependant, avant la fin de l'année qui l'avait vue naître et promulguée, elle était modifiée dans ses bases fondamentales, la forme même du Gouvernement était changée, et l'empire était rétabli à la suite du plébiscite des 21 et 22 décembre 1852.

La nation consultée sur cette modification aux bases fondamentales avait, par 7,839,552 suffrages affirmatifs, sur 8,157,752 votes exprimés, accepté la proposition suivante :

« Le peuple français veut le rétablissement de la dignité impériale dans la personne de Louis-Napoléon Bonaparte, avec hérédité dans sa descendance directe, légitime ou adoptive, et lui donne le droit de régler l'ordre de succession au trône dans la famille Bonaparte, ainsi qu'il est prévu par le sénatus-consulte du 7 novembre 1852. »

Nous croyons que les citations suivantes sont nécessaires pour comprendre les causes et la portée de cette profonde modification apportée à la constitution primitive..

Discours prononcé à Lyon, le 20 septembre 1852, par le prince Louis-Napoléon.

« Dès que le peuple s'est vu libre de son choix, il a jeté les yeux sur l'héritier de Napoléon, et depuis Paris jusqu'à Lyon, sur tous les points de mon passage, s'est élevé le cri unanime de *Vive l'empereur!* Mais ce cri est bien plus, à mes yeux, un souvenir qui touche mon cœur qu'un espoir qui flatte mon orgueil.

« Fidèle serviteur du pays, je n'aurai jamais qu'un but :

c'est de reconstituer dans ce grand pays, si bouleversé par tant de commotions et par tant d'utopies, une paix basée sur la conciliation pour les hommes, sur l'inflexibilité des principes d'autorité, de morale, d'amour pour les classes laborieuses et souffrantes, de dignité nationale.

« Nous sortons à peine de ces moments de crise où, les notions du bien et du mal étant confondues, les meilleurs esprits se sont pervertis. La prudence et le patriotisme exigent que, dans de semblables moments, la nation se recueille avant de fixer ses destinées, et il est encore pour moi difficile de savoir sous quel nom je puis rendre les plus grands services.

« Si le titre modeste de président pouvait faciliter la mission qui m'était confiée, et devant laquelle je n'ai pas reculé, ce n'est pas moi qui, par intérêt personnel, désirerais changer ce titre contre celui d'Empereur. »

Discours prononcé par le prince Louis-Napoléon,
à Bordeaux, le 9 octobre 1852.

« Messieurs,

« L'invitation de la chambre et du tribunal de commerce de Bordeaux, que j'ai acceptée avec empressement, me fournit l'occasion de remercier votre grande cité de son accueil si cordial, de son hospitalité si pleine de magnificence, et je suis bien aise aussi, vers la fin de mon voyage, de vous faire part des impressions qu'il m'a laissées.

« Le but de ce voyage, vous le savez, était de connaître par moi-même nos belles provinces du Midi, d'approfondir leurs besoins. Il a, toutefois, donné lieu à un résultat beaucoup plus important.

« En effet, je le dis avec une franchise aussi éloignée de

l'orgueil que d'une fausse modestie, jamais peuple n'a témoigné d'une manière plus directe, plus spontanée, plus unanime, la volonté de s'affranchir des préoccupations de l'avenir, en consolidant dans la même main un pouvoir qui lui est sympathique. C'est qu'il connaît, à cette heure, et les trompeuses espérances dont on le berçait et les dangers dont il était menacé. Il sait qu'en 1852 la société courait à sa perte, parce que chaque parti se consolait d'avance du naufrage général par l'espoir de planter son drapeau sur les débris qui pourraient surnager. Il me sait gré d'avoir sauvé le vaisseau en arborant seulement le drapeau de la France.

« Désabusé d'absurdes théories, le peuple a acquis la conviction que les réformateurs prétendus n'étaient que des rêveurs ; car il y avait toujours inconséquence, disproportion entre leurs moyens et les résultats promis.

« Aujourd'hui la France m'entoure de ses sympathies, parce que je ne suis pas de la famille des idéologues. Pour faire le bien du pays, il n'est pas besoin d'appliquer de nouveaux systèmes ; mais de donner, avant tout, confiance dans le présent, sécurité dans l'avenir. Voilà pourquoi la France semble vouloir revenir à l'empire.

« Il est néanmoins une crainte à laquelle je dois répondre. Par esprit de défiance, certaines personnes se disent : l'empire, c'est la guerre. Moi je dis : l'empire, c'est la paix.

« C'est la paix, car la France le désire, et lorsque la France est satisfaite, le monde est tranquille. La gloire se lègue bien à titre d'héritage, mais non la guerre. Est-ce que les princes qui s'honoraient justement d'être les petits-fils de Louis XIV ont recommencé ses luttes? La guerre ne se fait pas par plaisir, elle se fait par nécessité ; et à ces époques de transition où partout, à côté de tant d'éléments de prospérité, germent tant de causes de mort, on peut dire avec vérité : Malheur à celui qui, le premier, donnerait en Europe le signal d'une collision dont les conséquences seraient incalculables !

« J'en conviens, cependant, j'ai, comme l'empereur, bien des conquêtes à faire. Je veux, comme lui, conquérir à la conciliation les partis dissidents et ramener dans le courant du grand fleuve populaire les dérivations hostiles qui vont se perdre sans profit pour personne.

« Je veux conquérir à la religion, à la morale, à l'aisance, cette partie encore si nombreuse de la population qui, au milieu d'un pays de foi et de croyance, connaît à peine les préceptes du Christ; qui, au sein de la terre la plus fertile du monde, peut à peine jouir de ses produits de première nécessité.

« Nous avons d'immenses territoires incultes à défricher, des routes à ouvrir, des ports à creuser, des rivières à rendre navigables, des canaux à terminer, notre réseau de chemins de fer à compléter. Nous avons, en face de Marseille, un vaste royaume à assimiler à la France. Nous avons tous nos grands ports de l'Ouest à rapprocher du continent américain par la rapidité de ces communications qui nous manquent encore. Nous avons partout enfin des ruines à relever, de faux dieux à abattre, des vérités à faire triompher.

« Voilà comment je comprendrais l'empire, si l'empire doit se rétablir. Telles sont les conquêtes que je médite, et vous tous qui m'entourez, qui voulez, comme moi, le bien de notre patrie, vous êtes mes soldats (1). »

----

(1) A la suite de ce voyage dans le Midi, le *Moniteur* du 19 octobre 1852 inséra la note suivante :

« La manifestation éclatante qui vient de se produire dans toute la France en faveur du rétablissement de l'empire impose au prince-président de la république le devoir de convoquer le Sénat.

« Le Sénat se réunira le 4 novembre prochain. »

Message du prince-président de la république au Sénat,
le 4 novembre 1852.

« Messieurs les Sénateurs,

« La nation vient de manifester hautement sa volonté de
rétablir l'empire. Confiant dans votre patriotisme et vos
lumières, je vous ai convoqués pour délibérer légalement
sur cette grave question, et vous remettre le soin de régler
le nouvel ordre de choses. Si vous l'adoptez, vous pense-
rez sans doute comme moi que la constitution de 1852 doit
être maintenue, et alors les modifications reconnues in-
dispensables ne toucheront en rien aux bases fondamentales.

« Le changement qui se prépare portera principalement
sur la forme, et cependant reprendre le symbole impérial
est pour la France d'une immense signification. En effet,
dans le rétablissement de l'empire, le peuple trouve une
garantie à ses intérêts et une satisfaction à son juste orgueil. Ce rétablissement garantit ses intérêts en assurant
l'avenir, en fermant l'ère des révolutions, en consacrant
encore les conquêtes de 89. Il satisfait son juste orgueil,
parce que, relevant avec liberté et avec réflexion ce que,
il y a trente-sept ans, l'Europe entière avait renversé par
la force des armes au milieu des désastres de la patrie, le
peuple venge noblement ses revers sans faire de victimes,
sans menacer aucune indépendance, sans troubler la paix
du monde.

« Je ne me dissimule pas néanmoins tout ce qu'il y a de
redoutable à accepter aujourd'hui et à mettre sur sa tête
la couronne de Napoléon ; mais mes appréhensions diminuent par la pensée que, représentant à tant de titres la

cause du peuple et la volonté nationale, ce sera la nation
qui, en m'élevant au trône, se couronnera elle-même. »

*Rapport de M. Troplong au Sénat sur le projet
de sénatus-consulte. 6 novembre 1852.*

« Messieurs, nous pouvons le dire, en nous inclinant
dès à présent devant une volonté publique qui ne demande qu'à éclater de nouveau, l'empire est accompli...

« Ce règne, messieurs, ne sera pas né au milieu des
armes et dans le camp des prétoriens mutinés. Il est
l'œuvre de la pensée nationale la plus spontanée ; il a été
enfanté dans nos villes de commerce, dans nos ports,
dans les foyers les plus paisibles de l'agriculture et de
l'industrie, au milieu des joies de tout un peuple affec-
tionné ; il sera donc *l'empire de la paix.* »

*Réponse du prince-président de la république,
au Sénat, le 7 novembre 1852.*

« Messieurs les Sénateurs,

« Je remercie le Sénat de l'empressement avec lequel
il a répondu au vœu du pays, en délibérant sur le rétablissement de l'empire et en rédigeant le sénatus-consulte
qui doit être soumis à l'acceptation du peuple.

« Lorsque, il y a quarante-huit ans, dans ce même
palais, dans cette même salle et dans des circonstances
analogues, le Sénat vint offrir la couronne au chef de ma
famille, l'Empereur répondit par ces paroles mémora-
bles : *Mon esprit ne serait plus avec ma postérité, du jour*

*où elle cesserait de mériter l'amour et la confiance de la
grande nation.*

« Eh bien! aujourd'hui, ce qui touche le plus mon cœur,
c'est de penser que l'esprit de l'empereur est avec moi,
que sa pensée me guide, que son ombre me protége.
puisque, par une démarche solennelle, vous venez, au
nom du peuple français, me prouver que j'ai mérité la
confiance du pays. Je n'ai pas besoin de vous dire que ma
préoccupation constante sera de travailler avec vous à la
grandeur et à la prospérité de la France »

Message du prince-président de la république.

« Messieurs les Députés,

« Je vous ai rappelés de vos départements pour vous
associer au grand acte qui va s'accomplir. Quoique le
Sénat et le peuple aient seuls le droit de modifier la
constitution, j'ai voulu que le corps politique, issu comme
moi du suffrage universel, vînt attester au monde la
spontanéité du mouvement national qui me porte à l'empire. Je tiens à ce que ce soit vous qui, en constatant la
liberté du vote et le nombre des suffrages, fassiez sortir
de votre déclaration toute la légitimité de mon pouvoir.
Aujourd'hui, en effet, déclarer que l'autorité repose sur
un droit incontestable, c'est lui donner la force nécessaire pour fonder quelque chose de durable et assurer la
prospérité du pays.

« Le gouvernement, vous le savez, ne fera que changer
de forme. Dévoué aux grands intérêts que l'intelligence
enfante et que la paix développe, il se contiendra, comme
par le passé, dans les limites de la modération; car le
succès n'enfle jamais d'orgueil l'àme de ceux qui ne

voient dans leur élévation nouvelle qu'un devoir plus grand imposé par le peuple, qu'une mission plus élevée confiée par la Providence.

« Fait au palais de Saint-Cloud, le 25 novembre 1852.

« LOUIS-NAPOLÈON. »

Discours de S. M. Napoléon III. — 2 décembre 1852.

« Messieurs,

« Le nouveau règne que vous inaugurez aujourd'hui n'a pas pour origine, comme tant d'autres dans l'histoire, la violence, la conquête ou la ruse. Il est, vous venez de le déclarer, le résultat légal de la volonté de tout un peuple, qui consolide au milieu du calme ce qu'il avait fondé au sein des agitations. Je suis pénétré de reconnaissance envers la nation, qui, trois fois en quatre années, m'a soutenu de ses suffrages, et chaque fois n'a augmenté sa majorité que pour accroitre mon pouvoir.

« Mais plus le pouvoir gagne en étendue et en force vitale, plus il a besoin d'hommes éclairés comme ceux qui m'entourent chaque jour, d'hommes indépendants comme ceux auxquels je m'adresse pour m'aider de leurs conseils, pour ramener mon autorité dans de justes limites si elle pouvait s'en écarter jamais.

« Je prends dès aujourd'hui, avec la couronne, le nom de Napoléon III, parce que la logique du peuple me l'a déjà donné dans ses acclamations, parce que le Sénat l'a proposé légalement, et parce que la nation entière l'a ratifié.

« Est-ce à dire cependant qu'en acceptant ce titre, je tombe dans l'erreur reprochée au prince qui, revenant de l'exil, déclara nul et non avenu tout ce qui s'était fait en son absence ? Loin de moi un semblable égarement. Non-seulement je reconnais les gouvernements qui m'ont précédé, mais j'hérite en quelque sorte de ce qu'ils ont fait de bien ou de mal; car les gouvernements qui se succèdent sont, malgré leurs origines différentes, solidaires de leurs devanciers. Mais, plus j'accepte tout ce que depuis cinquante ans l'histoire nous transmet avec son inflexible autorité, moins il m'était permis de passer sous silence le règne glorieux du chef de ma famille, et le titre régulier, quoique éphémère, de son fils, que les Chambres proclamèrent dans le dernier élan du patriotisme vaincu. Ainsi donc, le titre de Napoléon III n'est pas une de ces prétentions dynastiques et surannées qui semblent une insulte au bon sens et à la vérité : c'est l'hommage rendu à un gouvernement qui fut légitime, et auquel nous devons les plus belles pages de notre histoire moderne. Mon règne ne date pas de 1815, il date de ce moment même où vous venez me faire connaître les suffrages de la nation.

« Recevez donc mes remercîments, Messieurs les Députés, pour l'éclat que vous avez donné à la manifestation de la volonté nationale, en la rendant plus évidente par votre contrôle, plus imposante par votre déclaration. Je vous remercie aussi, Messieurs les Sénateurs, d'avoir voulu être les premiers à m'adresser vos félicitations, comme vous avez été les premiers à formuler le vœu populaire.

« Aidez-moi tous à asseoir, sur cette terre bouleversée par tant de révolutions, un gouvernement stable qui ait pour bases la religion, la justice, la probité, l'amour des classes souffrantes.

« Recevez ici le serment que rien ne me coûtera pour assurer la prospérité de la patrie, et que, tout en maintenant la paix, je ne céderai rien de tout ce qui touche à l'honneur et à la dignité de la France. »

Moniteur *du 27 novembre 1852. — Ce que la France a voulu en votant pour l'empire.*

« Dans la pensée du peuple, l'empire est le règne de l'égalité et la protection de tous les intérêts ; c'est la démocratie avec la force et la hiérarchie du pouvoir, avec l'ordre dans le travail, la sécurité des épargnes, le respect de la religion, la gloire du passé, la prospérité à l'intérieur et la dignité au dehors. Aujourd'hui l'empire, c'est la paix : la paix active, féconde, aspirant aussi à de glorieuses conquêtes, mais dans la noble carrière des sciences et des arts, où chaque victoire est un bienfait pour l'humanité.

« Le peuple a pu, malgré son bon sens, se laisser un instant éblouir par de séduisantes utopies : grâce à la sagesse de celui qu'il avait pris pour son chef, il n'a pas tardé à revenir de ses erreurs. Louis-Napoléon a su détruire l'influence dangereuse du socialisme, en marchant résolûment dans la voie du progrès, et en réalisant ce qu'il y avait de généreux et d'applicable dans les vœux des véritables amis du peuple. Avant tout, et dans l'intérêt de tous, il fallait rétablir l'ordre, ranimer le travail et la confiance, réveiller le sens moral, rappeler au respect de la religion et de la loi, relever l'autorité et la dignité du pouvoir ; il fallait achever nos chemins de fer, abaisser le taux de l'intérêt, rendre l'administration plus facile en la décentralisant ; il fallait réduire l'armée et assurer le sort du soldat ; il fallait que la justice fût mise à la portée du pauvre ; que l'ouvrier eût la vie à bon marché, des logements salubres, des épargnes et du pain

pour sa vieillesse ; il fallait aux campagnes l'allégement
de l'impôt foncier, des capitaux qui permissent à l'agriculture d'améliorer et d'éteindre ses dettes ; il fallait
enfin un ensemble d'institutions qui eussent le double
avantage d'être utiles à tous, sans nuire aux intérêts de
personne. Est-il un seul de ces besoins dont l'Élu de la
nation ne se soit sérieusement occupé, et dont il n'ait
garanti la satisfaction avec cette sûreté de tact et cette
vigueur de décision que, depuis longtemps, la France ne
connaissait plus ?

« Voilà pour le passé. Quant à l'avenir, le programme
de l'empire, tracé d'avance dans le discours de Bordeaux, vient d'être confirmé par le message au Corps
législatif. Placé par son origine et ses antécédents bien
au-dessus des partis, le nouveau Gouvernement saura
allier la modération à la fermeté, et sera constamment
appliqué à féconder *les grands intérêts que l'intelligence
enfante et que la paix développe.* Celui que la France
vient de couronner ne voit dans sa nouvelle élévation
*qu'un devoir plus grand imposé par le peuple, qu'une
mission plus haute confiée par la Providence.* »

Les citations que nous venons de faire étaient, ce nous
semble, nécessaires pour apprécier la portée de la modification apportée à la forme du Gouvernement, aux bases
fondamentales de la constitution votées au mois de décembre 1851. Pour la nation tout entière, en décembre 1852 (comme en mai 1863, comme en janvier
1867), *l'Empire doit être la paix,* et si elle a voulu que
l'autorité reposât sur un droit incontestable, c'était afin
de *lui donner la force nécessaire pour fonder quelque
chose de durable et assurer la prospérité du pays.*

Depuis le plébiscite de 1852, d'assez nombreuses modifications ont été apportées à la constitution. Mais comme
ces modifications, quelle que soit leur importance, ne

touchaient point aux bases fondamentales, le peuple n'a pas dû être appelé à les ratifier par son vote.

En perfectionnant ainsi nos institutions, suivant les exigences du temps et de l'opinion publique, l'Empereur a montré qu'il n'avait pas voulu se contenter de déclarer la perfectibilité de la constitution rédigée par lui, mais que, fidèle à ses engagements (1), il voulait marcher d'un pas ferme et résolu dans la voie du progrès incessant et continu.

Ces modifications, successivement apportées à la constitution de 1852, nous les considérerons comme faisant partie intégrante du texte primitif de cette constitution ; si nous agissions autrement, nous serions obligé, dans l'examen auquel nous allons nous livrer, de revenir sans cesse sur nos pas et de fatiguer l'attention du lecteur par d'innombrables et inutiles redites.

Le rétablissement du suffrage universel a été le premier acte du pouvoir nouveau en 1851 ; le suffrage universel a deux fois consacré les bases fondamentales de la constitution qui nous régit ; il est, tous les six ans, appelé à choisir les mandataires qui doivent, au nom de la nation, contrôler les actes du Gouvernement, exprimer les vœux du pays, voter ou refuser les lois et l'impôt ; enfin, si un dissentiment, sur la direction donnée aux affaires de l'État, venait à s'élever, entre les mandataires élus

---

(1) « Je soumets à vos suffrages les bases fondamentales suivantes d'une constitution *que les assemblées développeront plus tard.* »
(Appel au peuple. — 2 décembre 1851.)
« Cette constitution qui, dès aujourd'hui, va être mise en pratique, n'est donc pas l'œuvre d'une vaine théorie ou du despotisme, c'est l'œuvre de l'expérience et de la raison. — *Vous m'aiderez, messieurs, à la consolider, à l'étendre, à l'améliorer.* »
(Discours prononcé à l'installation des grands corps de l'État.
29 mars 1852.)

de la nation et le Gouvernement, ce serait encore lui qui serait appelé à prononcer en dernier ressort.

Le suffrage universel est donc le fondement même de notre constitution (1) et de la base au sommet, tout notre édifice constitutionnel repose sur lui.

A ceux qui regrettaient que, dès le début, une part plus large n'eût pas été faite à nos libertés, par la constitution de 1852, on pouvait répondre en 1853 : « La liberté n'a jamais été la base d'un édifice politique durable, elle le couronne quand le temps l'a consolidé (2). »

Mais, si la nation devait attendre du temps le développement progressif des libertés, qui lui avaient été mesurées étroitement en 1852, cet ajournement ne pouvait s'appliquer aux libertés nécessaires, devenues, depuis 1789, le patrimoine inaliénable de la France.

Aussi, ces libertés nécessaires que réclamaient les cahiers des états généraux en 1789, que l'assemblée constituante a formulées dans le préambule de la constitution de 1791, notre constitution les proclame-t-elle en ces termes, dans son article premier :

« La constitution reconnaît, confirme et garantit les grands principes proclamés en 1789, et qui sont la base du droit public des Français. »

Ces grands principes, en voici l'énumération :

L'égalité civile,

---

(1) Le suffrage universel était bien, *en apparence*, le fondement de l'édifice constitutionnel de l'an VIII, mais il n'intervenait que pour former la liste communale, la première des listes de notabilité ; une fois cette liste formée, il disparaissait complétement de la scène et n'avait plus aucun rôle. Le suffrage universel n'était donc en l'an VIII qu'une des ombres imaginées par Sieyès, la souveraineté du peuple n'était par conséquent qu'un mot, et Fiévée pouvait s'écrier dans son naïf enthousiasme pour un tel système : « Aujourd'hui la souveraineté du peuple entièrement passive est *un hommage que le Gouvernement se rend à lui-même au nom de la nation.* »

(2) Discours de l'Empereur à l'ouverture de la session de 1853.

La liberté individuelle,

La liberté des cultes,

La liberté de l'industrie,

La liberté du territoire,

La liberté de la presse,

Le droit de réunion,

Le droit de pétition,

La non-rétroactivité des lois pénales,

L'administration gratuite de la justice par des magistrats nommés ou institués par l'autorité publique,

La responsabilité des magistrats et des agents du pouvoir exécutif,

Le droit pour tout citoyen d'être jugé par ses juges naturels, de ne pas être condamné sans avoir été mis à même de se défendre ;

L'institution d'une force publique essentiellement obéissante.

L'application de tous ces principes, l'exercice des droits qui en découlent pour les citoyens sont soumis à une réglementation légale plus ou moins étroite ; pour quelques-uns d'entre eux, cette réglementation équivaut-elle à la suppression ?

Nous nous bornerons ici, pour ne pas sortir du cadre de ce travail, à examiner si la réglementation de ceux de ces droits, dont l'exercice est la condition indispensable du fonctionnement régulier et normal de nos institutions, est ou non excessive.

Pour qu'une constitution, qui a pour fondement le suffrage universel, fonctionne régulièrement, pour que tout malentendu soit impossible entre le pays et le Gouvernement, qui ne doit être autre chose que l'incarnation vivante de la pensée du pays, que faut-il ?

Il faut que la lumière puisse se faire et se fasse sans cesse sur toutes les questions, et que cette lumière éclaire et le pays et le Gouvernement; en d'autres termes, il faut que l'opinion publique puisse toujours et en toute liberté se formuler et se propager.

Or les droits qu'il faut reconnaître nécessairement aux citoyens d'un pays, pour que l'opinion publique ait cette faculté nécessaire de formation, d'exposition et d'expansion, sont incontestablement : *la liberté individuelle, la liberté électorale, la liberté ou le droit de réunion, la liberté de la presse.*

Examinons donc quelle est la réglementation légale de ces droits, nécessaires au fonctionnement régulier de nos institutions; car si l'un d'entre eux était réglementé trop étroitement, ce fait seul suffirait à rompre l'équilibre normal de nos institutions, à créer, en dépit de l'organisme constitutionnel, la possibilité d'un malentendu entre le pays et son Gouvernement.

Liberté individuelle. — La nécessité de demander et d'obtenir *de l'administration* l'autorisation de poursuivre un fonctionnaire qui vous a, sans droit, fait arrêter ou détenir, semble excessive. Il semblerait plus naturel et plus juste que cette autorisation fût accordée ou refusée par le pouvoir judiciaire, désintéressé dans la question. — Le recours *au Sénat*, dont les débats sont publiés *in extenso* par *le Moniteur*, *le droit de pétition*, est pour les citoyens une garantie contre l'abus des refus de poursuites contre les fonctionnaires.

En résumé, depuis que la loi de sûreté générale a disparu de nos codes, on peut dire que la liberté individuelle a, en France, une garantie suffisante ou du moins une garantie supérieure à celle donnée aux autres libertés nécessaires.

Liberté électorale. — *Le suffrage est libre, les électeurs votant au scrutin secret, n'ayant chacun à rendre compte de son vote qu'à Dieu et à sa conscience* (1), et le Gouvernement *laisse librement se produire toutes les candidatures et publier les professions de foi et les bulletins de vote suivant les formes prescrites par la loi* (2).

Et ne faut-il pas qu'il en soit ainsi pour que le Gouvernement ait un Corps législatif représentant réellement l'opinion du pays, des députés *éclairant dans leur indépendance la marche du Gouvernement* (3)?

Allons jusqu'au bout dans l'hypothèse contraire, et supposons qu'un Gouvernement, impatient de tout contrôle et de toute critique, par corruption, intimidation, manœuvres de toute sorte, parvînt à faire nommer une Chambre uniquement composée d'hommes à lui, de complaisants décidés d'avance à tout approuver? Ne serait-ce pas l'occasion de rééditer le mot de Fiévée : « La souveraineté du peuple est un hommage que le Gouvernement se rend à lui-même au nom de la nation? »

Croit-on qu'un tel Gouvernement trouvât une grande force dans l'appui silencieux d'une telle chambre? N'est-il pas évident, au contraire, que le jour ne serait pas loin où un malentendu profond, irremédiable naîtrait entre le pays et ses représentants, entre la nation et le Gouvernement?

Combien plus sage est un Gouvernement qui déclare hautement que la liberté du vote est entière, absolue; qu'il ne veut qu'une chose, *la probité de l'élection;* et quelle force une telle déclaration ne lui donne-t-elle pas?

Mais *les candidatures officielles* ne portent-elles pas atteinte à la liberté du vote?

---

(1) Circulaire de M. de Persigny (8 mai 1863).
(2) Circulaire de M. de Persigny (8 mai 1863).
(3) Discours de l'Empereur en 1863.

6

« Sous les gouvernements précédents, la candidature n'était pas officielle ; l'action du Gouvernement et de l'administration était plus mystérieuse, plus couverte. On ne parlait pas aussi haut. En faisait-on mieux? Agissait-on avec plus de sincérité? Ne vaut-il pas mieux pour le Gouvernement, pour l'électeur, pour le candidat, poser nettement, loyalement la candidature de celui que le Gouvernement croit devoir adopter (1)? »

Sans aucun doute le Gouvernement a le droit d'avouer hautement, hardiment ses préférences, et cela est plus digne que de servir dans l'ombre, par des moyens plus ou moins avouables, le candidat qui lui inspirerait le plus de confiance. Mais, après l'élection, il faut qu'il se rappelle que tous les électeurs, fonctionnaires ou simples citoyens, ne doivent compte de leur vote qu'à Dieu et à leur conscience.

Si la candidature officielle, ainsi entendue, ne porte aucune atteinte à la liberté du vote, n'est-elle pas pour les candidats patronnés et élus une sorte de gêne, et sur les bancs de la chambre, ne sont-ils pas forcément les hommes-liges du Gouvernement?

Au nom du Gouvernement et devant tous les députés pris à témoins, M. le ministre d'État a ainsi répondu à l'objection :

« Est-ce que c'est là le contrat qui intervient entre vous et le Gouvernement? Le Gouvernement vient honnêtement vous dire : Voilà notre politique, notre but ; voilà notre route, nos tendances; *croyez-vous que vous puissiez, avec l'indépendance de vos opinions, avec le courage de votre caractère, appuyer le Gouvernement, mais aussi le contrôler*, le contrôler loyalement, honnê-

---

(1) M. Rouher. — Séance du 14 janvier 1865.

tement, en ami fidèle qui éclaire et non en adversaire ardent qui critique et qui blâme?

« Que ce contrat ne pèse pas à votre conscience, nous
ne viendrons vous demander que des choses justes; *si
nous en demandions d'autres, votre devoir serait de les
refuser.*

« Vous n'avez pris d'autre engagement que celui de
nous écouter, de nous juger, *de nous redresser quand nous
avons tort*, de nous donner des avis bienveillants et ami-
caux quand nous sommes sur le point de nous égarer,
mais aussi de nous soutenir quand l'ennemi nous attaque.

« Non, ce contrat ne pèse point à votre conscience! »

L'intervention du Gouvernement dans les élections,
par la déclaration haute et loyale de ses préférences, n'est
donc pas une atteinte à la liberté du vote, alors que tout
électeur ne doit compte de son vote qu'à Dieu et à sa
conscience; elle n'est pas davantage une gêne pour le
candidat élu, celui-ci conservant l'indépendance de ses
opinions, redressant le Gouvernement quand il a tort, et
opposant un refus à toute demande du Gouvernement
qu'il ne trouve pas juste.

Mais pour que le Gouvernement n'en arrive pas à
patronner une candidature improvisée, à imposer aux
électeurs un candidat qui ne soit pas, *dans sa circonscription électorale, l'homme investi des affections, de l'estime
de ses concitoyens* (1), il faut qu'il puisse exister des liens
sérieux, invétérés et assurés entre le candidat et ses
électeurs.

Peut-il en être ainsi, alors que tous les cinq ans le
Gouvernement peut remanier la carte électorale de la

---

(1) M. Rouher. — Séance du 14 janvier 1865.

France et découper capricieusement les départements en circonscriptions électorales, composées de tronçons d'arrondissements sans aucun lien d'intérêts communs, souvent en rivalité de prétentions, ayant même parfois des intérêts contradictoires?

Sans doute la constitution, tant qu'elle n'aura point été modifiée sur ce point, s'opposera au groupement naturel des intérêts par arrondissements et à la représentation distincte de chacun de ces groupes administratifs.

Mais on a plus d'une fois reproché au Gouvernement d'avoir démembré, sans nécessité, des groupes d'intérêts communs, pour créer des circonscriptions électorales purement arbitraires, des circonscriptions dans lesquelles l'affection de ses concitoyens ne pouvait donner à aucun candidat une influence personnelle assez grande pour lutter contre le candidat *quelconque* que le Gouvernement voudrait lui opposer.

Ce droit de remaniement des circonscriptions électorales, ce droit de séparer tous les cinq ans les électeurs des élus serait excessif, en effet, s'il était arbitrairement exercé par le Gouvernement. Nous avons été heureux d'entendre, à la séance du 19 mars 1866, M. le ministre d'État affirmer que le Gouvernement *n'avait pas le droit* de remanier les circonscriptions électorales en vue des élections; assurer qu'un remaniement de ce genre ne se faisait qu'alors que le recensement quinquennal avait indiqué une telle augmentation ou une telle diminution dans le chiffre des électeurs inscrits dans un département, que le remaniement de la carte électorale de ce département était devenu une obligation constitutionnelle pour le Gouvernement.

Mais pour que la liberté électorale soit complète, il ne suffit pas que le vote soit libre, que l'électeur ne puisse pas être arbitrairement séparé de l'élu par le remaniement

quinquennal des circonscriptions électorales, il faut encore
que l'élection soit éclairée autant qu'elle est libre, que tous,
candidats et électeurs, puissent savoir et se demander
ce qu'ils veulent, ce qu'ils pensent les uns et les autres.
— En d'autres termes, il ne peut pas y avoir d'élection
éclairée, d'élection dont le sens et la valeur ne puissent
être contestés, à moins que les candidatures ne soient
librement posées et discutées par la presse ; à moins que
les électeurs n'aient le droit de se réunir, de se con-
certer, de faire comparaître devant eux les candidats, de
les interroger, de leur répondre ; à moins qu'en un mot ils
soient mis à même de prononcer leur verdict suprême en
pleine connaissance de cause.

Pour compléter la liberté électorale, pour rendre le
vote conscient de lui-même et éclairé, il nous faudrait
conquérir et le droit de réunion et la liberté de la presse,
et c'est aujourd'hui vers l'étude de ces deux questions
que doit se porter toute l'attention d'un gouvernement
qui ne doit vouloir être et qui ne peut être autre chose en
réalité que l'expression de l'opinion publique.

Droit de réunion. — Le droit de réunion a laissé dans
la mémoire de la nation française des souvenirs qui l'ef-
frayent encore, et dont nous ne méconnaissons pas toute
la puissance. Mais l'opinion publique réclame, énergiquement déjà, le droit de réunion pour les électeurs, pendant
la période électorale, c'est-à-dire pendant les vingt jours
qui précèdent l'élection ; nous ne doutons pas que le
Gouvernement, faisant droit à cette légitime exigence, ne
concède avant peu à la France la liberté du droit de
réunion, *pendant la période électorale,* comme le complément rationnel du droit de vote accordé à tous les citoyens.

En matière économique, la liberté de réunion existe de
fait, sinon de droit, depuis que le Gouvernement a dé-

claré qu'il ne refuserait jamais l'autorisation de se réunir
qui lui serait demandée par les ouvriers ; cette déclaration était une conséquence logique et nécessaire de la
reconnaissance légale du droit de coalition. L'irrésistible
mouvement qui entraîne les travailleurs à se grouper en
sociétés coopératives, la sage et prudente conduite des
assemblées les plus nombreuses d'ouvriers qui se réunissent chaque jour pour débattre des questions de salaires
ou d'association, tout assure l'avenir de la liberté de réunion en matière économique, la transformation prochaine
du fait, autorisé par l'administration, *en droit*, reconnu
par la loi.

La liberté de la presse. — Cette précieuse liberté, qui
est la garantie de toutes les autres libertés, est-elle res-
pectée par notre législation? Reconnue, confirmée et garantie par la constitution de 1852, n'est-elle pas réglemen-
tée de telle façon que sa réglementation équivaille presque
à sa suppression?

Suivant M. le ministre d'État, nos pères, en proclamant
ce grand principe en 1789, n'avaient pu avoir en vue que
le droit individuel de chaque citoyen à publier sa pensée
par la voie de la presse, sous la forme qui lui convient et
non le journalisme avec son caractère collectif, ses dangers et son action universelle. Acceptons provisoirement
cette distinction plus spécieuse que vraie, à notre avis,
et examinons successivement comment et dans quelle mesure peuvent s'exercer et le droit individuel et le droit
collectif à la liberté de la presse.

M. Rouher affirmait, le 19 mars 1866, que le droit
d'imprimer et de publier ses opinions était entier pour
chaque citoyen, et qu'à sa connaissance il n'existait aucun
moyen préventif *quelconque* qui pût empêcher un citoyen
de publier un livre ou une brochure *comme il lui convenait de le faire*. Quelques jours après, dans un article

que je publiais dans le journal *la Presse*, il m'était facile
de démontrer à M. Rouher que la censure préventive des
libraires et des éditeurs était un obstacle trop réel à
l'exercice du droit de chaque citoyen à la liberté de la
presse. Je lui citais l'exemple de plusieurs écrivains qui
n'avaient pu faire imprimer leur travail en brochures
qu'après les avoir fait paraître sans encombre dans la
presse périodique, *soumise au pouvoir discrétionnaire de
l'administration;* je lui rappelais enfin un jugement assez
récent qui n'avait pu obliger un éditeur à continuer la
publication d'un ouvrage, dont plusieurs volumes avaient
déjà paru qu'en imposant à l'auteur la condition de con-
sentir aux corrections et suppressions qu'exigerait cet
éditeur. La censure préventive des éditeurs et des imprimeurs existe donc, et comme cette censure n'a ni le
temps ni les lumières nécessaires pour apprécier à leur
valeur les œuvres des écrivains, elle a toutes les sévérités
de la peur.

Un communiqué qui vient d'être donné au journal *la
Liberté*, non-seulement reconnaît la réalité de cette censure préventive', mais encore en affirme ainsi la légitimité :

« Aux termes des lois générales sur la presse qui ont été
appliquées sous tous les régimes, aux termes notamment
de l'article 59 du Code pénal, l'imprimeur peut être reconnu complice d'un crime ou d'un délit reproché à un
auteur. *Si son ministère était obligatoire, il serait au
moins injuste qu'il pût légalement encourir une condamnation;* et si aucune responsabilité ne lui était imposée,
la forme anonyme assurerait l'impunité à une multitude
d'écrits dangereux. *« Il est donc tout naturel que l'imprimeur examine s'il doit ou non se prêter à la mise en œuvre
d'une publication susceptible de tomber sous l'application
des lois pénales. C'est son droit et c'est aussi son devoir. »*

Fort bien, mais puisque *tous* les imprimeurs ont le droit de refuser successivement de publier mon œuvre, puisque leur ministère n'est pas obligatoire, je demanderai à M. le ministre d'État comment je pourrai exercer mon droit de publier ma pensée comme il me convient de le faire ?

Je préférerais cent fois à un tel moyen préventif la censure hautement avouée de l'administration. En effet, éditeurs et imprimeurs, tous n'ont qu'une préoccupation, trop légitime et trop justifiée par les faits pour qu'elle ne fausse pas leur jugement, éviter le danger, imprimer plutôt les aventures de Rocambole qu'un écrit sérieux, mais critique, entre les lignes duquel brille à leurs yeux le *Mané técel pharès* de l'amende, de la prison et du retrait de brevet. Ne modifiera-t-on pas sur ce point les lois de la presse? L'imprimeur et l'éditeur doivent être responsables de l'exécution des prescriptions légales sur le dépôt préalable, le timbre, etc. Ils doivent répondre encore de la réalité du nom d'auteur que porte leur publication. Mais les déclarer complices du délit de presse commis par un auteur, c'est la même chose que de déclarer un armurier complice du crime que j'aurai commis avec l'arme qu'il m'aura vendue.

Voici pour le droit individuel de chaque citoyen à la liberté de la presse.

Quant au journalisme, M. Rouher déclarait que la pratique des Gouvernements antérieurs démontrait l'impuissance des moyens répressifs employés contre la presse périodiques par l'autorité judiciaire et le jury; qu'il fallait en conséquence choisir entre ces deux thèses, ou la liberté complète ou le pouvoir discrétionnaire, et que le Gouvernement s'en tiendrait au pouvoir discrétionnaire. Quant à moi, s'il fallait choisir entre ces deux thèses, je n'hésiterais pas à opter pour la liberté complète, car je crois, ainsi que le disait Mirabeau, qu'il en est de cette

précieuse liberté comme de la lance célèbre qui seule
pouvait guérir les blessures qu'elle avait faite. Mais
il y a plus d'une étape entre ces deux points extrêmes;
à mon avis, en présence de la difficulté qu'il peut
y avoir à définir et à apprécier la culpabilité en matière de presse, la juridiction à laquelle devrait être soumise la répression de ce genre de délits, c'est évidemment
le jury, car le jury n'est pas un tribunal obligé d'appliquer
un texte de loi inflexible, mais une réunion d'arbitres
jugeant en équité plutôt qu'en droit.

Cependant j'ai cru faire, non pas acte d'inconséquence,
mais au contraire acte de libéralisme progressif, en demandant depuis deux ans, avec quelques-uns de mes amis (1),
que la juridiction des tribunaux correctionnels remplaçât
pour la presse la juridiction arbitraire, le pouvoir discrétionnaire de l'administration; mieux vaut cent fois en
effet l'application de la loi quelque dure qu'elle puisse
être, que le régime de l'arbitraire, quelles que puissent
être la modération et la mansuétude, des hommes, chargés d'exercer un pouvoir discrétionnaire et irresponsable.

Reviendrons-nous après tant d'autres sur la situation
que fait au journalisme le luxe d'autorisations exigées
pour la presse périodique, autorisation de fonder un journal, de changer de gérant, de rédacteur en chef, autorisation de modifier le format, le mode de publicité, etc., etc. ?
Faut-il insister de nouveau sur le chiffre élevé des

---

(1) Notre amendement était ainsi conçu :

« Nous émettons le vœu que, dans la législation sur la presse, la juridiction
des tribunaux ordinaires soit substituée au régime administratif. »

Il était signé par MM. Martel, Jules Brame, de Chambrun, de Janzé,
Lambrecht, Ancel, d'Andelarre, Lespérut, Plichon, Kolb-Bernard, Latour-du-
Moulin, Piéron-Leroy, Malézieux, Maurice Richard, Pouyer-Quertier, Planat,
de Grammont, Lefébure.

cautionnements exigés, sur l'énormité des droits de timbre imposés aux journaux politiques?

Un mot, cependant, sur ce dernier point, qui est capital : sait-on ce qu'on fait en frappant d'un droit de timbre de six centimes les journaux politiques? On oblige l'ouvrier à se contenter du journal littéraire à un sou, du journal faisant de cette littérature malsaine que l'on sait ; on contraint les journaux qui, s'ils se contentaient de faire de la politique, perdraient d'autant plus qu'ils auraient plus d'abonnés, on les contraint à chercher à tout prix des annonces pour ne pas mourir, à s'inféoder aux spéculateurs pour exalter leurs opérations hasardeuses, à faire enfin marché parfois de telle ou telle question financière ou politique qu'ils auraient voulu traiter à un point de vue opposé, si leur seul but avait pu être d'éclairer l'opinion publique et le Gouvernement (1).

---

(1) Nous empruntons les faits suivants au remarquable livre de Georges Duchêne : *la Spéculation devant les tribunaux*.

M. Duchêne montre par des exemples que presque tous les journaux sont commandités par les spéculateurs hasardeux qui font préconiser par eux les affaires qu'ils veulent lancer ou soutenir, et que bien des journaux, alors même qu'ils ne sont pas commandités ainsi font parfois marché de telle ou telle question.

La maison de banque Mirès et Solar fournit le cautionnement du *Courrier du dimanche*, l'un des associés, M. Solar, achète *la Presse*, un journal d'opposition, tandis que l'autre, M. Mirès, dirige, en qualité de principal propriétaire, *le Pays* et le *Constitutionnel*, journaux officieux; la société a, en outre, un journal financier, *le Journal des chemins de fer*.

Un nommé Prost, poursuivi pour avoir dilapidé, en moins de deux ans, plus de huit millions, avait commandité pour appuyer ses spéculations hasardeuses *le Messager de Paris* et créé *le Journal du crédit public*.

Dans l'affaire des Petites-Voitures, l'acte d'accusation relève un détournement de cinquante-trois mille francs commis par deux gérants dans le but d'acheter *le Courrier de Paris*. Voici, dans la même affaire, la déposition de *M. Ducoux*: On avait pensé qu'il fallait *encourager les journalistes* afin d'empêcher le discrédit de la Compagnie. On a donné à cet effet une valeur de vingt-cinq mille francs d'actions *qui ont dû être distribués entre divers journaux*.

L'Ami de la religion afferme, le 1er mars 1860, son bulletin financier à M. Serres moyennant deux mille francs par mois, Le *Journal des villes et*

On le voit, la liberté de la presse n'existe ni pour le citoyen qui veut publier un livre ou une brochure, ni pour le journalisme soumis au régime de l'arbitraire. De toutes les libertés reconnues, confirmées et garanties par la constitution de 1852, la plus précieuse, la liberté de la presse, est la mieux étouffée par la réglementation.

C'est sur la réforme de la législation de la presse, c'est sur la réglementation du droit de réunion, que nous attirerons plus spécialement l'attention du Gouvernement impérial, pour le temps, sans doute prochain, où il fera un

---

des campagnes traite avec le même spéculateur à raison de dix mille francs par an.

La Gazette.de France avait consenti en 1858 déjà à recommander la maison de banque de M. *Serres* moyennant une part dans les bénéfices qui ne pouvait s'élever à moins de vingt-quatre mille francs par an.

Qu'était-ce que ce banquier, ce Serres?

Un ex-coulissier qui, sans ressources en 1858, et poursuivi pour des dettes aussi minimes que cent quarante francs, prix d'une pièce de vin, avait, à cette époque, loué un local meublé avec un certain luxe, et, prenant le titre de banquier, a pu dépenser trois cent mille francs en moins de quatre ans, *rien qu'en frais de publicité* pour attirer l'argent du public.

Les questions politiques ne sont pas plus à l'abri de *l'affermage* que les questions financières. En voici une preuve empruntée au compte rendu d'un procès récent :

Le 18 juin 1863, M. L. Dupont, propriétaire du journal *la Nation*, fait avec M. Tchitcherine un traité par lequel celui-ci s'engage à verser entre les mains de M. Dupont la somme nécessaire pour subvenir aux frais de l'entreprise, à la condition que de son côté M. Dupont se conformera à l'engagement verbal qu'il a pris, *en ce qui touche la question polonaise*, de recevoir les communications de M. Tchitcherine relativement à cette question.

M⁰ *Lachaud*, pour prouver que, malgré ce traité, M. Dupont est bien resté maître du journal *la Nation*, allègue que depuis ce moment celui-ci a fait avec le représentant *du Brésil* un traité pour défendre le commerce et les intérêts généraux de cet empire *moyennant un subside de cent vingt mille francs*.

Sans parler de bien d'autres faits de ce genre, ces quelques exemples que nous venons de citer peuvent donner une idée des conditions impossibles d'existence faites au journalisme par l'autorisation préalable et par l'étranglement du timbre; ne sommes-nous pas en droit de demander au Gouvernement si c'est là qu'il a voulu en venir par le décret organique de 1852?

nouveau pas dans la voie libérale ouverte par le décret du 24 novembre 1860.

Chaque jour qui s'écoule éteint davantage pour nous, dans les ombres du passé, le souvenir de ces jours troublés que n'ont point connus les jeunes générations qui se pressent derrière nous, prêtes à nous remplacer; chaque jour qui s'écoule rapproche donc aussi le moment de la résurrection de ces libertés regrettées par nous, désirées ardemment par ceux qui arrivent à l'âge des études et des préoccupations sérieuses. Ces libertés, la constitution de 1852 les affirme, l'opinion publique les réclame; la constitution qui nous régit est basée tout entière sur le suffrage universel, nous pouvons donc être assurés qu'un jour viendra où ces libertés recevront leur complet développement.

Abordons maintenant l'examen des rouages principaux de cette constitution qui, si elle n'a pas pris la liberté pour base, la recevra fatalement comme couronnement.

L'EMPEREUR

L'empereur partage la puissance législative avec le Corps législatif et le Sénat (1).

Il a le droit d'initiative des projets de lois, c'est-à-dire que lui seul décide si un projet de loi sur telle ou telle matière sera ou non préparé pour être soumis au vote du Corps législatif, et il partage avec le Sénat le droit d'initiative en ce qui concerne les sénatus-consultes et les projets de lois d'un grand intérêt national (2).

Lui seul a le droit de promulgation des lois et des sénatus-consultes; une loi votée par le Corps législatif et déclarée constitutionnelle par le Sénat, un sénatus-consulte voté par le Sénat, ne peuvent avoir aucun effet légal si l'empereur refuse de les promulguer; et comme son droit de refus est absolu, il a par conséquent le droit de *veto* contre toute loi ou sénatus-consulte qu'il désapprouverait.

---

(1) Constitution, article 4. — La puissance législative s'exerce collectivement par l'Empereur, le Sénat et le Corps législatif.

(2) Le Corps législatif peut aussi, dans l'adresse qu'il fait en réponse au discours du souverain, demander au Gouvernement de proposer un projet de loi sur telle ou telle matière. C'est dans ce sens qu'on a pu dire que le droit d'initiative avait été rendu, dans une certaine mesure, au Corps législatif par le rétablissement de l'adresse.

Comme pouvoir exécutif, l'empereur a un pouvoir complétement libre et indépendant (1). Il est le chef de l'État, commande les forces de terre et de mer, déclare la guerre, fait les traités de paix, d'alliance et de commerce (2), nomme à tous les emplois, fait les règlements

---

(1) Constitution, article 3. — L'Empereur gouverne au moyen des ministres, du Conseil d'État, du Sénat et du Corps législatif.

(2) L'article 6 de la constitution du 14 janvier 1852 donnait au chef du pouvoir exécutif le droit de faire des traités de commerce. Mais on avait consacré en droit public que les tarifs établis ou modifiés par un traité de commerce ne devenaient définitifs qu'après avoir été convertis en lois par les chambres.

La convention internationale n'était que conditionnelle, malgré la ratification du prince, le contrat était discuté, remis en question devant les assemblées; il pouvait être modifié ou annulé par elles.

Le sénatus-consulte du 25 décembre 1852, interprétant l'article 6 de la constitution, a décidé que cet article donnait le droit à l'Empereur de ratifier et de promulguer les traités de commerce sans le concours du Corps législatif, et, pour éviter toute difficulté ultérieure, décrété que les traités de commerce faits en vertu de l'article 6 de la constitution ont force de loi pour les modifications de tarifs qui y sont stipulées.

Cependant, le rapporteur avait compris toute l'importance de la question tranchée par le sénatus-consulte du 25 décembre; il disait : « Votre commission a la conviction intime que plus le Gouvernement est armé d'un droit éminent pour faire les traités, plus il sent la nécessité de s'environner des lumières des hommes spéciaux pour n'entrer dans la voie des modifications diplomatiques de tarifs qu'avec de grandes précautions. Les traités de commerce touchent à tout ce qu'il y a de plus délicat dans les intérêts de notre navigation, de notre industrie, de notre commerce et de notre agriculture. En cherchant à faire le bien, on peut se laisser entraîner à des mesures fatales, et il y a tel traité de commerce assez dangereux pour porter la plus grande perturbation dans tous nos intérêts, pour miner la production agricole, pour anéantir nos fabriques et bouleverser le système entier de notre économie politique. »

Et, dans son effroi de l'étendue du droit qu'il abandonnait ainsi à la haute sagesse du gouvernement de l'Empereur, il cherchait ainsi à prémunir le pays contre les dangers pouvant résulter de la concession faite par le Sénat : « Ne serait-il pas possible de rétablir quelque chose d'analogue au conseil supérieur du commerce et des colonies, d'organiser des moyens d'instruction et d'enquête, d'instituer, à l'exemple de Colbert, des consultations officielles de ces commerçants éminents qui surveillent avec intelligence la mobilité des faits industriels ?... »

Et il terminait l'examen de ces préservatifs de la dernière heure, contre la possibilité d'un entraînement irréfléchi et dangereux, par cette invocation à l'initiative du Sénat : « Du reste, cette matière de la protection générale à

et décrets nécessaires pour l'exécution des lois ; il préside
le Sénat et le Conseil d'État quand il le juge convenable ;
il fixe la durée des sessions, convoque ou ajourne le Sénat,
convoque, ajourne ou dissout le Corps législatif ; nomme
le président, les vice-présidents, le grand référendaire
et le secrétaire du Sénat, le président, les vice-présidents et les questeurs du Corps législatif ; nomme et ré-
voque le président, les vice-présidents, les présidents de
section et le secrétaire général du Conseil d'État ; a le
droit de déclarer l'état de siége dans un ou plusieurs départements, sauf à en référer au Sénat dans le plus bre-
délai (1) ; il a le droit de faire grâce et d'accorder des am-
nisties ; enfin la justice se rend en son nom.

L'empereur n'est pas irresponsable comme les rois
constitutionnels ; l'article 5 de la constitution déclare au
contraire que le chef de l'État *est responsable devant le
peuple français, auquel il a toujours le droit de faire
appel.*

Cette responsabilité est ainsi commentée et expliquée
dans la proclamation au peuple français en date du
14 janvier 1852 :

« Dans ce pays de centralisation, l'opinion publique a
sans cesse tout rapporté au chef de l'État, le bien comme
le mal. Aussi écrire en tête d'une charte que ce chef est
irresponsable, c'est mentir au sentiment public, c'est vou-

___

. accorder à l'agriculture, aux manufactures et au commerce par une organisation plus complète, est assez grave pour que le Sénat en puisse faire l'objet
d'un de ces projets d'un grand intérêt national que la constitution lui permet
de soumettre à la couronne. »

(1) La constitution de l'an VIII établissait que l'état de siége ne pouvait
être prononcé que *par une loi.* Elle autorisait cependant le Gouvernement à
prendre, dans l'intervalle des sessions, un arrêté décrétant provisoirement
l'état de siége, mais cet arrêté même devait contenir un article convoquant,
dans le plus court délai, le Corps législatif, afin que celui-ci sanctionnât de
son vote cette mesure *provisoire.*

loir établir une fiction qui s'est trois fois évanouie au bruit des révolutions. La constitution actuelle proclame au contraire que le chef que vous avez élu est responsable devant vous, *qu'il a toujours le droit de faire appel à votre jugement souverain, afin que, dans les circonstances solennelles, vous puissiez lui donner ou lui retirer votre confiance.* »

Le plébiscite du 22 novembre 1852, qui a « rétabli la dignité impériale dans la personne de Louis-Napoléon Bonaparte, avec hérédité dans sa descendance directe, légitime ou adoptive », semblait avoir modifié les conditions d'existence du chef de l'État assez gravement pour faire mettre en doute par quelques esprits la conservation du droit d'appel au peuple. En effet, on comprend qu'au mois de décembre 1852, le président de la république fît appel au peuple et à l'armée en disant : « Donnez-moi les moyens d'assurer votre prospérité, *ou choisissez-en un autre à ma place;* si je n'obtiens pas la majorité de vos suffrages, alors je provoquerai la réunion d'une nouvelle assemblée, et je lui remettrai le mandat que j'ai reçu de vous. » Il n'est pas plus difficile de s'expliquer comment le 14 janvier 1852, alors que ses pouvoirs expiraient au bout de dix ans, le chef du Gouvernement ait répété : « J'ai toujours le droit de faire appel au jugement souverain du peuple, afin qu'il puisse *me donner ou me retirer sa confiance.* » Car donner ou retirer sa confiance à un mandataire soumis à réélection, c'est le réélire ou en élire un autre à sa place.

Mais alors que le chef de l'État est non-seulement élu pour toute la durée de sa vie, mais que le pouvoir qui lui a été donné est transmissible à ses héritiers directs, légitimes ou adoptifs, l'appel au peuple, *avec sa sanction redoutable,* nous semble un moyen tellement extrême, qu'il ne pourrait être employé sans risquer de compromettre non-seulement la couronne du souverain responsable, mais encore l'avenir même de sa dynastie.

Quoi qu'il en soit, le maintien de ce droit d'appel au peuple a été invoqué par le ministre d'État dans la séance du 19 mars 1866 au Corps législatif.

Et le rapport de M. Troplong, président du Sénat, sur le sénatus-consulte du 15 juillet 1866, contient le passage suivant :

« Quand *le prince impérial* sera en face de cette nation, toute remplie et toute fière des actes d'un règne qui fut paisible, fécond, glorieux et pacificateur, il pourra se souvenir avec confiance de l'article de la constitution qui porte : « *L'empereur peut toujours faire appel au peuple français.* »

Ainsi ce droit d'appel au peuple est revendiqué pour l'empereur par le ministre d'État, et invoqué, comme un précieux privilége pour son successeur, par le président du Sénat, par le président de cette assemblée, chargée de veiller au maintien de la constitution, et de donner l'interprétation légale des articles ambigus ou douteux.

On ne peut donc plus douter du maintien de ce droit mais quelle peut être son application dans le fonctionnement régulier de nos institutions politiques ?

Que le Gouvernement s'engage dans une voie qui soit absolument contraire à la manière de voir de la chambre, et que le dissentiment, se précisant sur une question intérieure ou extérieure, le Corps législatif refuse de voter le contingent ou le budget, l'empereur aura le droit de dire au Corps législatif : « Dans ma conviction, vous n'êtes plus l'expression de l'opinion publique; je dissous la chambre et je convoque les électeurs dans les comices, pour qu'ils élisent à votre place une assemblée représentant réellement la pensée de la nation. »

Peut-être, pressé par les événements, aura-t-il été

obligé, entre le moment de la dissolution de l'ancienne chambre et le jour de la convocation de la nouvelle assemblée législative, de recourir à l'exécution de l'article 33 de la constitution (1), et de faire voter par le Sénat le budget ou le contingent rejeté par la chambre dissoute.

Mais enfin, si la nouvelle assemblée nommée par le pays est exactement dans les mêmes sentiments que celle qu'elle a remplacée, si elle suit les mêmes errements et accuse chaque jour davantage le désaccord qui s'est manifesté entre la manière de voir du chef de l'État et l'opinion publique, qu'adviendra-t-il d'une telle situation?

Si l'empereur était un roi constitutionnel, IRRESPONSABLE, il remplacerait le ministère, *seul responsable des causes du dissentiment*, par un nouveau ministère choisi dans la majorité de la chambre, et le conflit des pouvoirs cesserait ainsi.

Mais l'empereur est un souverain *responsable*, et il ne peut prendre un nouveau ministère dans la majorité de la chambre.

Qu'a-t-il donc à faire dans l'hypothèse donnée?

Ou reconnaître loyalement et courageusement qu'il s'est trompé, et se soumettre au jugement de l'opinion publique en abandonnant la voie qu'il avait prise;

Ou, convaincu que l'opinion publique s'est égarée, et que, plus complétement éclairée sur les questions qui

---

(1) Constitution, article 33. — « En cas de dissolution du Corps législatif et jusqu'à une nouvelle convocation, le Sénat, sur la proposition de l'empereur, pourvoit, par des mesures d'urgence, à tout ce qui est nécessaire à la marche du Gouvernement. »

Nous n'avons pas besoin de faire remarquer quels pourraient être, en de si graves circonstances, les dangers d'une interprétation *excessive* de cet article, déléguant *momentanément* au Sénat les pouvoirs législatifs réservés aux mandataires élus de la nation.

mettent en désaccord le Gouvernement et les mandataires élus du pays, elle pourra revenir à ce qu'il considère comme la vérité, il peut se décider à avoir recours à ce moyen suprême et périlleux de l'appel au peuple.

Ce n'est que dans *ces circonstances solennelles*, et avec la plus profonde conviction d'avoir raison contre tous, que l'empereur, au risque d'étendre jusqu'à ses héritiers la responsabilité, qu'il revendiquerait loyalement pour lui-même, pourrait faire appel au peuple, lui poser cette dangereuse question de savoir s'il lui continue sa confiance ou s'il la lui retire.

LE CONSEIL PRIVÉ

Le conseil privé a été créé par un décret impérial, en date du 1er février 1858 ; mais simple conseil consultatif de l'empereur, il ne joue à ce titre aucun rôle dans notre organisme constitutionnel et ne peut avoir aucun rapport, *légalement établi*, avec les grands corps de l'état.

Il se réunit, soit avec le conseil des ministres, soit séparément, sur la convocation et sous la présidence de l'empereur.

Il donne son avis sur toutes les affaires que l'empereur juge à propos de lui soumettre, en raison de leur nature et de leur importance, et notamment sur la décentralisation, l'instruction publique, la constitution de l'Algérie, les pétitions d'un intérêt national renvoyées par le Sénat.

Il peut enfin préparer les projets de sénatus-consultes que le Gouvernement adresse au Sénat. Si un sénatus-consulte *est une loi*, comme le prétend M. Troplong, président du Sénat, peut-être pourrait-on voir dans cette attribution donnée au conseil privé, une modification, par simple décret, à l'article 50 de la constitution, ainsi conçu : « Le Conseil d'État *est chargé*, sous la direction de l'empereur, *de rédiger les projets de loi.*

« Les membres du conseil privé ont rang de ministres, et ils reçoivent un traitement de cent mille francs.

« Dans le cas où l'empereur, avant sa mort, n'aurait pas désigné un autre conseil de régence, le conseil privé deviendrait, par l'adjonction de deux princes français les plus proches dans l'ordre de l'hérédité, conseil de régence. »

LES MINISTRES

Les ministres ne dépendent que du chef de l'État; ils ne sont *responsables* que chacun en ce qui le concerne des actes du Gouvernement; il n'y a pas de solidarité entre eux (art. 13 de la constitution) (1).

En rédigeant cet article, le pouvoir constituant de 1852 a eu en vue moins la responsabilité effective des ministres, lorsqu'ils ont prévariqué ou manqué à leur devoir, que leur responsabilité morale devant le pays et devant les grands corps de l'État. C'est ce qui résulte du passage suivant de la proclamation au peuple français :

« *Le chef de l'État* étant responsable, il faut que son action soit libre et sans entraves. De là l'obligation d'avoir des ministres qui soient les auxiliaires honorés et puissants de sa pensée, mais qui ne forment plus un conseil responsable, composé de membre solidaires, *obstacle jour-*

---

(1) La charte de 1814 et celle de 1830 se contentaient de déclarer que les ministres étaient responsables, sans se prononcer sur la question de solidarité qui pouvait ou non résulter des circonstances.

La constitution de 1852 transfère au Sénat le droit d'accusation contre les ministres, droit réservé à la chambre des députés par la charte de 1830 ; elle fait juger par la haute cour de justice les ministres accusés par le Sénat; sous l'empire des constitutions antérieures, ils étaient jugés par la cour des pairs.

nalier à l'impulsion particulière du chef de l'État, *expression d'une politique émanée des chambres,* et par là même exposé à des changements fréquents qui empêchent tout esprit de suite, toute application d'un système régulier. »

C'est dans le même esprit que l'article 44 de la constitution a établi que : les ministres ne peuvent être membres du Corps législatif (1), et que l'article 51 a décidé que ce seraient *non pas les ministres,* mais les conseillers d'État (2) qui, au nom du Gouvernement, soutiendraient la discussion des projets de loi devant le Corps législatif.

L'idée première du pouvoir constituant de 1852 a donc été de tenir les ministres hors de la présence de la chambre, et de les mettre ainsi à l'abri des risques de cette responsabilité morale vis-à-vis des mandataires élus de la nation, responsabilité ayant pour sanction le renversement d'un ministère.

Cette théorie absolue s'est formulée clairement en

---

(1) Par une contradiction au moins singulière, la constitution autorise la compatibilité entre les fonctions de ministre et la dignité de sénateur, et place un ministre sénateur dans cette situation étrange de n'avoir pas le droit de défendre, à titre de ministre, un de ses actes attaqués devant le Sénat, mais de pouvoir, à titre de sénateur, chercher à le justifier, comme si c'était l'acte d'un étranger.

(2) Constitution, article 51. — « Le Conseil d'État soutient, au nom du Gouvernement, la discussion des projets de loi devant le Sénat et le Corps législatif. »

Cet article n'est, du reste, que la formule légale d'une *des bases fondamentales* soumises à l'acceptation du peuple français au mois de décembre 1851 : « Un Conseil d'État formé des hommes les plus distingués, préparant les lois et en soutenant la discussion devant le Corps législatif. »

Et la proclamation au peuple français, en date du 14 janvier 1852, affirme de nouveau que « le Corps législatif ne sera plus en présence des ministres, et que les projets de loi seront soutenus par les orateurs du Conseil d'État. »

Le monopole de la parole devant le Corps législatif semblait donc établi par la constitution en faveur du Conseil d'État; néanmoins, des décrets impériaux ont supprimé ce monopole, et aujourd'hui les Conseillers d'État ne sont plus LES SEULS orateurs du Gouvernement devant le Sénat et devant le Corps législatif.

1852, ainsi que nous venons de le rappeler ; mais sous l'empire d'une constitution basée tout entière sur le suffrage universel, sous un régime qui fait du Gouvernement la vivante incarnation de la volonté nationale, cette théorie ne pouvait longtemps subsister intacte. Aussi, devant la nécessité des faits, et cédant à la logique de la situation, l'empereur a-t-il spontanément apporté aux dispositions premières de la constitution des modifications devenues nécessaires (1).

Par le décret du 24 novembre 1860, il a créé des ministres sans portefeuille venant soutenir devant le Corps législatif et devant le Sénat les projets de lois proposés par leurs collègues à portefeuille; par le décret du 23 juin 1863, il a accordé les mêmes attributions au ministre d'État, ministre à portefeuille; par un nouveau décret, il pourrait tout aussi constitutionnellement donner les mêmes droits aux autres ministres à portefeuille, et amener ainsi le ministère devant la chambre.

Cette présence des ministres à la chambre serait seulement une garantie pour la discussion utile et pratique des questions; elle mettrait le ministère naturellement en rapport avec l'assemblée, mais elle ne créerait pas la solidarité du ministère que la force des choses a amenée déjà, elle n'établirait pas davantage la responsabilité morale des ministres devant les mandataires élus de la nation, responsabilité qui, de fait, existe aujourd'hui aussi complétement que possible (2).

---

(1) « L'empereur est le premier souverain qui ait déclaré sa constitution perpétuellement modifiable, et il ne s'est pas contenté de l'écrire; il a agi en conséquence, et déjà il ne reste presque plus rien de la constitution primitive. »

ÉMILE OLLIVIER. — Séance du 27 mars 1865.

(2) « Il est erroné de croire que les assemblées ne puissent exercer d'action sur les souverains que si elles ont les ministres dans leur sein. Quelle assem-

Comment les choses se passent-elles aujourd'hui en effet ?

Le conseil des ministres se réunit (1) ; une mesure proposée par un des ministres à portefeuille est discutée par le conseil et adoptée par lui après discussion. Est-il possible de dire que cette mesure reste la chose propre du ministre qui l'a proposée, et que le conseil, en l'adoptant, ne l'a pas faite sienne, n'a pas pris sa part de responsabilité, n'a pas ainsi constitué *la solidarité* du ministère au moins sur cette question ?

. Mais ce n'est pas tout. Parmi ces ministres à portefeuille qui forment le conseil des ministres, un seul, le ministre d'État, a le droit de paraître devant le Corps législatif et devant le Sénat pour défendre les mesures proposées par le conseil.

Ne comprend-on pas quelle est l'influence prépondérante de ce ministre dans les délibérations communes alors qu'il peut toujours opposer à une mesure proposée son droit de *veto* ainsi formulé : Je ne puis laisser passer telle proposition, car je ne l'approuve pas, et ne la trouvant pas juste, je ne pourrais la défendre devant le Corps législatif.

Qu'on ne vienne pas objecter que le ministre d'État, *orateur platonique du ministère*, viendra devant : la

---

blée a tenté contre le pouvoir exécutif des entreprises plus audacieuses que l'assemblée constituante ? Cependant les ministres n'y venaient pas. Ce qui ne l'a pas empêchée de se débarrasser des ministres qui lui déplaisaient, d'exiger le rappel de Necker, d'interdire la lecture d'un mémoire des ministres sur le *veto* suspensif. »

ÉMILE OLLIVIER. — Séance du 19 mars 1866.

(1) Les ministres se réunissent deux fois par semaine, sous la présidence de l'empereur ; pendant la durée des sessions, le président du Sénat et le président du Corps législatif assistent aux réunions du conseil des ministres, ainsi que les membres du conseil privé, quand l'empereur les convoque à cet effet.

chambre défendre des principes dans lesquels sa conviction ne sera pas engagée. Le sentiment de sa propre dignité l'arrêterait àu seuil d'une pareille contradiction entre ses actes et sa pensée, et comme le disait naguère M. Rouher lui-même : « Le jour où un ministre placé devant le Corps législatif n'aurait pas la sincère et entière conviction que le langage qu'il tient est vrai, il devrait résigner ses fonctions et rentrer dans l'obscurité. »

La solidarité du ministère est donc établie par la délibération commune, aboutissant à l'adoption ou au rejet, par le conseil des ministres, des projets proposés par chaque ministre en ce qui concerne son département. Mais à qui incombe le poids de la responsabilité morale des mesures adoptées par le ministère tout entier? Au ministre d'État seul, à l'orateur qui, s'identifiant avec les principes acceptés par le conseil, se charge de les défendre devant le Corps législatif. Et c'est justice que toutes les responsabilités individuelles s'incarnent en celui qui a la toute-puissance d'un premier ministre, de celui qui peut à toute mesure opposer *son veto*, de celui sans l'assentiment duquel aucune proposition ministérielle du Gouvernement ne peut être convertie en projet de loi.

Et cette responsabilité est-elle réelle, est-elle effective?

Supposons qu'un ministre d'État fût devenu tellement impopulaire, qu'il se fût, à ce point, attiré l'animadversion de la nation et de ses mandataires élus, que tous les projets de lois soutenus par lui fussent impitoyablement et aveuglément repoussés par le Corps législatif.

Admettons que le souverain, cédant à l'entraînement de ses sympathies personnelles, eût prononcé la dissolution de la chambre, et que la nouvelle assemblée, élue à la suite de cet appel au jugement de l'opinion publique, partageât les préventions de la chambre qui l'a précédée et suivît les mêmes errements.

Croit-on que l'empereur, pour une question personnelle, voulût recourir au moyen extrême de l'appel au peuple? Du jour où il aurait été reconnu légalement que le Corps législatif marche d'accord avec l'opinion publique, ce ministre, quelque puissant qu'il fût, ne disparaîtrait-il pas des conseils de l'empereur?

On le voit, la logique et la nécessité des faits ont modifié la lettre de la constitution : le ministère est solidaire, et le ministre orateur, qui assume sur sa tête toute la responsabilité, pourrait être renversé par la chambre quand il se trouverait marcher au rebours de l'opinion publique.

LE CONSEIL D'ÉTAT

« Plus un homme est haut placé, plus il est indépendant, plus la confiance que le peuple a mise en lui est grande, plus il a besoin de conseils éclairés, consciencieux. De là la création d'un Conseil d'tÉat(1), désormais *véritable conseil du Gouvernement, premier rouage* (2) de notre organisation nouvelle, réunion d'hommes pratiques élaborant des projets de loi dans des commissions spéciales, les discutant à huis clos, sans ostentation oratoire, en assemblée générale, et les présentant ensuite à l'acceptation du Corps législatif. » (Proclamation au peuple français, 14 janvier 1852.)

Le Conseil d'État n'est pas seulement le véritable conseil du Gouvernement, préparant les projets de lois et de

---

(1) Bases proposées à l'acceptation du peuple français en décembre 1851 :
« 3° Un Conseil d'État formé des hommes les plus distingués, préparant les lois et *en soutenant la discussion devant le Corps législatif.* »

(2) L'article 3 de la constitution semblait maintenir le Conseil d'État au premier rang des pouvoirs constitués : l'empereur gouverne au moyen des ministres, *du Conseil d'État*, du Sénat et du Corps législatif, le traitant ainsi plus favorablement que les constitutions du premier Empire, qui le plaçaient le second, après le Sénat et avant le Corps législatif. Le décret du 19 avril 1852, réglant la préséance des grands corps de l'État, place le Conseil d'État au troisième rang après le Sénat et le Corps législatif.

sénatus-consultes, et les soutenant devant le Corps législatif et devant le Sénat; à son rôle politique il joint les attributions administratives les plus importantes. Tribunal suprême d'administration, il sert de cour d'appel aux tribunaux administratifs, et, dans le plus grand nombre de cas, iLest tribunal unique, jugeant en premier et en dernier ressort. Il est de plus juge des conflits d'attributions qui peuvent s'élever entre l'autorité judiciaire et l'autorité administrative (1).

Comme tribunal administratif, le Conseil d'État siége *en séance publique,* mais alors son assemblée générale n'est composée que de la section du contentieux augmentée de dix conseillers, pris en nombre égal dans chacune des sections administratives.

Nous n'avons pas ici à nous occuper du rôle considérable que joue le Conseil d'État comme tribunal administratif, nous ne dirons donc rien de plus du contentieux (2).

Le Conseil d'État se compose :

D'un président, ayant le rang et le titre de ministre (3);

De trois vice-présidents et de trois présidents de sec-

---

(1) Le jugement de ce conflit d'attributions avait été confié en 1848 à un tribunal spécial, présidé par le ministre de la justice et composé d'un nombre égal de conseillers d'Etat et de membres de la cour de cassation; il était, par conséquent, établi dans des conditions d'égale impartialité pour les intérêts de l'autorité administrative et pour ceux de l'autorité judiciaire.

(2) « Le contentieux administratif se compose de toutes les réclamations fondées sur la violation des obligations imposées à l'administration par les lois et règlements qui la régissent ou par les contrats qu'elle a souscrits. »
(Vivien, *Études administratives.*)

(3) *L'article 49 de la constitution* était ainsi conçu : « Le Conseil d'Etat est présidé par l'empereur et en son absence par la personne qu'il désigne comme vice-président du Conseil d'État. »

En vertu du décret du 30 septembre 1852, le vice-président du Conseil d'État a pris le titre de président du Conseil d'État, puis en vertu du décret du 28 septembre 1864 celui de ministre présidant le Conseil d'État.

tions exerçant *dans toutes les affaires* devant le Sénat et le Corps législatif les attributions déterminées par l'article 51 de la constitution (1);

De cinquante conseillers d'État en service ordinaire (2);

De dix-huit conseillers en service ordinaire, *hors section* (3);

De conseillers en service extraordinaire, au nombre de vingt au plus (4);

De quarante maîtres des requêtes et de quatre-vingts auditeurs.

Les ministres font partie de droit du Conseil d'État (5). Les princes de la famille impériale ont la faculté d'y siéger avec l'agrément de l'empereur (6). Enfin, l'empereur préside le Conseil d'État quand il le juge convenable (7).

Le Conseil d'État se divise en six sections :

---

(1) *Article 51 de la constitution.* « Le Conseil d'État soutient au nom du Gouvernement la discussion des projets de lois devant le Sénat et le Corps législatif. Les conseillers d'État *chargés de porter la parole* au nom du Gouvernement *sont désignés* par l'empereur. »

(2) *Article 47 de la constitution.* « Le nombre des conseillers d'État en service ordinaire est de quarante à cinquante. »

(3) Les conseillers d'État en service ordinaire hors section, *choisis parmi les personnes remplissant de hautes fonctions* (les secrétaires généraux et directeurs généraux des ministères) prennent part à toutes les discussions de l'assemblée générale et y ont voix délibérative.

(4) Les conseillers en service extraordinaire ne reçoivent ce titre que s'ils ont fait autrefois partie du Conseil d'État; ils n'assistent aux assemblées générales que lorsqu'ils ont été convoqués par un ordre spécial de l'empereur.

(5) *Article 53 de la constitution.* « Les ministres ont rang, séance et voix délibérative au Conseil d'État. »

(6) *Sénatus-consulte du 30 décembre 1852.* « Les princes français sont membres *du Sénat et du Conseil d'État* quand ils ont atteint l'âge de dix-huit ans accomplis. — Ils ne peuvent y siéger qu'avec l'agrément de l'empereur. »

Pour les princes français comme *pour les ministres,* il est dérogé à la règle générale qui interdit aux conseillers d'État d'être en même temps membres du Sénat.

(7) *Sénatus-consulte du 30 décembre 1852.*

Section de législation, justice et affaires étrangères ;

Section de l'intérieur, de l'instruction publique et des cultes ;

Section des travaux publics et des beaux-arts ;

Section de la guerre et de la marine ;

Section des finances, de l'agriculture et du commerce ;

Section du contentieux.

Les projets du Gouvernement, projets de lois, de sénatus-consultes, de règlements d'administration publique, de décrets impériaux, sont soumis à l'examen de la section correspondant au département ministériel dont ressortissent ces projets. Un membre de la section saisie fait l'exposé de la question dont l'examen préalable lui a été déféré, et le projet est renvoyé à l'assemblée générale, toutes sections réunies (1).

---

(1) Sont portés aux assemblées générales :

Les projets de lois.

Les projets de règlements d'administration publique.

Les projets de décrets qui ont pour objet :

1° L'enregistrement des bulles et autres actes du Saint-Siége.

2° Les recours pour abus.

3° Les autorisations de congrégations religieuses et la vérification de leurs statuts.

4° Les prises maritimes.

Les projets de décrets qui ont pour objet :

5° Les concessions de portions du domaine de l'État, et les concessions de mines, soit en France, soit en Algérie.

6° L'autorisation ou la création d'établissements d'utilité publique fondés par les départements, les communes ou les particuliers.

7° L'établissement des routes départementales, des canaux et chemins de fer d'embranchement qui peuvent être autorisés par décrets du pouvoir exécutif.

8° La concession de desséchements.

9° La création de tribunaux de commerce et de conseils de prud'hommes, la création ou la prorogation des chambres temporaires dans les cours et tribunaux.

10° L'autorisation des poursuites intentées contre les agents du Gouvernement.

11° Les naturalisations, révocations et modifications des autorisations accordées à des étrangers d'établir leur domicile en France.

12° L'autorisation aux établissements d'utilité publique, aux établisse-

Les amendements proposés par le Corps législatif aux projets proposés par le Gouvernement, sont aussi l'objet de l'examen et des délibérations du Conseil d'État.

Les amendements renvoyés au Conseil d'État et non adoptés par lui, de même que ceux non adoptés par la commission de la chambre, peuvent être pris en considération par le Corps législatif et renvoyés à un nouvel examen de la commission et du Conseil d'État.

Si la commission ne propose pas de rédaction nouvelle, ou si celle qu'elle propose n'est pas adoptée par le Conseil d'État, le texte primitif du projet est seul mis en délibération.

Le dernier mot reste donc au Conseil d'État en théorie, quoique dans la pratique il semble bien difficile que, sans des raisons de la plus haute gravité, le Conseil d'État

---

ments ecclésiastiques, aux congrégations religieuses, aux communes et départements d'accepter des dons et legs dont la valeur excéderait cinquante mille francs.

13° Les autorisations de sociétés anonymes, tontines, comptoirs d'escompte et autres établissements de même nature.

14° L'établissement de ponts avec ou sans péage.

15° Le classement des établissements dangereux, incommodes ou insalubres; la suppression de ces établissements dans les cas prévus par le décret du 15 octobre 1810.

16° Les tarifs des droits d'inhumation dans les communes au-dessus de cinquante mille âmes.

17° L'établissement ou la suppression de tarifs d'octroi et les modifications à ces tarifs.

18° L'établissement de droits de voirie dans les communes de plus de vingt-cinq mille âmes.

19° Les caisses de retraites des administrations publiques départementales ou communales.

Les projets de décrets qui ont pour objet :

20° Les diverses affaires qui, n'étant pas désignées dans le présent article, sont, après examen par une section, renvoyées à l'assemblée générale par ordre du président de la république.

21° Enfin les affaires qu'à raison de leur importance, les présidents de sections, d'office ou sur la demande de la section, croient devoir renvoyer à l'examen de ladite assemblée, ainsi que celles sur lesquelles le Gouvernement demande qu'elle soit appelée à délibérer.

persiste à repousser un amendement lorsqu'il aura été pris en considération par la majorité du Corps législatif.

On le voit, le rôle du Conseil d'État est considérable dans notre organisation constitutionnelle, et bien que ses membres soient amovibles, ils exercent avec autorité et indépendance leur rôle de conseillers éclairés et consciencieux du Gouvernement.

Seulement, au point de vue de l'indépendance des délibérations du Conseil d'État, il est regrettable que le droit de discussion et de *vote* soit donné aux dix-huit secrétaires et directeurs généraux, conseillers en service ordinaire hors section : l'adjonction de cet élément étranger, dans une position essentiellement dépendante (1), peut fausser l'esprit de l'assemblée générale et déplacer la majorité véritable du Conseil d'État.

(1 Il ne faut pas oublier, que les ministres sont de droit membres du Conseil d'État, et que non-seulement ils peuvent appuyer un projet de leur vote, mais exercer une certaine influence, par leur seule présence au conseil sur le vote des conseillers hors section, secrétaires généraux ou directeurs généraux des ministères.

LE CORPS LÉGISLATIF

Une des bases fondamentales de la constitution, que le président de la république proposait à l'acceptation du peuple français au mois de décembre 1851, était celle-ci :

« Un Corps législatif, *discutant et votant les lois* (1), nommé par le suffrage universel sans scrutin de liste qui fausse l'élection. »

Et la proclamation au peuple français, en date du 14 janvier 1852, expliquait ainsi quel était le rôle fait au Corps législatif par la nouvelle constitution *qui serait développée plus tard par les assemblées* (2) :

« Une chambre, qui prend le titre de Corps législatif, vote les lois et l'impôt. Elle est élue par le suffrage universel sans scrutin de liste. Le peuple, choisissant isolément chaque candidat, peut plus facilement apprécier le mérite de chacun d'eux.

« La chambre n'est plus composée que d'environ

---

(1) La constitution de l'an VIII donnait au Corps législatif le droit de *voter* les lois. Elle ne lui permettait pas de les *discuter*.

(2) « Je soumets à vos suffrages les bases fondamentales d'une constitution *que les assemblées développeront plus tard.* »

(Proclamation au peuple français. — 2 décembre 1851.)

260 membres; c'est là une garantie du calme des délibérations, car trop souvent on a vu dans les assemblées la mobilité et l'ardeur des passions croître en raison du nombre.

« Le compte rendu des séances qui doit instruire la nation n'est plus livré, comme autrefois, à l'esprit de parti de chaque journal; une publication officielle, rédigée par les soins du président de la chambre, en est seule permise (1).

« Le Corps législatif discute librement la loi, l'adopte ou la repousse; mais il n'y introduit pas, à l'improviste, de ces amendements qui dérangent souvent toute l'économie d'un système et l'ensemble du projet primitif. A plus forte raison n'a-t-il pas cette initiative parlementaire qui était la source de si graves abus, et qui permettait à chaque député de se substituer à tout propos au Gouvernement en présentant les projets les moins étudiés, les moins approfondis.

« La chambre, n'étant plus en présence des ministres, et les projets de lois étant soutenus par les orateurs du Conseil d'État, le temps ne se perd pas en vaines interpellations, en accusations frivoles, en luttes passionnées

---

(1) A côté de la publication *in extenso* des débats du Corps législatif et du Sénat, faite par le *Moniteur*, subsiste pour les autres journaux le compte rendu officiel.

Mais les journaux, après avoir publié ce compte rendu *obligatoire* des débats, peuvent apprécier et discuter les opinions émises par les députés, les sénateurs ou les commissaires du Gouvernement, et le droit d'agir ainsi nous semble incontestable : son exercice est d'ailleurs dans l'intérêt même des assemblées. C'est ce que reconnaissait M. Bonjean, lorsque dans la séance du Sénat du 31 janvier 1861 il disait : « Voulez-vous avoir quelque chance de faire lire nos discours, non pas tous, cela est impossible, au moins les plus saillants, *reconnaissez franchement à la presse le droit de les discuter*... La curiosité des lecteurs, guidée, stimulée par la controverse de la presse, recherchera les discours que cette controverse même aura signalés à son attention. Hors de là, votre publicité ne sera qu'illusion; vous aurez fait de l'impression, vous n'aurez pas fait de *publicité sérieuse*. »

dont l'unique but était de renverser les ministres pour les remplacer.

« Ainsi donc, les délibérations du Corps législatif seront indépendantes, mais les causes d'agitations stériles auront été supprimées, des lenteurs salutaires apportées à toute modification de la loi. Les mandataires de la nation feront mûrement des choses sérieuses. »

Le rôle destiné au Corps législatif par le pouvoir constituant de 1852, faisait ressembler la chambre, ainsi qu'on l'a dit, plutôt à un grand conseil général qu'à une assemblée politique; mais les développements donnés à la constitution primitive ont profondément modifié cet état de choses et rendu au rôle des mandataires élus de la nation l'importance qu'il doit avoir dans une nation libre et maîtresse d'elle-même.

Le mur élevé entre notre parole et le public est tombé, et nos débats parviennent aujourd'hui au dehors, non plus privés de vie et de mouvement, mutilés et défigurés par une sèche et froide analyse, mais tels qu'ils se sont produits, et photographiés, pour ainsi dire, en pleine action, avec leurs entraînements passionnés ou leurs passagères défaillances.

Le droit d'initiative et le droit d'interpellation ont été donnés dans une certaine mesure à la chambre par le rétablissement de l'adresse (1), et si le droit d'amendement ne lui a pas été rendu, entier et absolu, il a du moins été débarrassé d'une grande partie des entraves qui en gênaient l'exercice.

Les ministres ne sont plus systématiquement tenus hors de la présence du Corps législatif, et chaque jour le mi-

____

(1) M. de Morny, dans les derniers jours de sa vie, désirait qu'on substituât le droit d'interpellation au droit d'adresse qu'en 1860 il avait contribué à faire obtenir à la Chambre.

nistre d'Etat, véritable premier ministre, organe à la fois et du Gouvernement et du ministère, vient défendre devant nous les propositions et la politique du Gouvernement.

Cette politique, nous l'approuvons ou nous la blâmons, et l'adresse nous permet de formuler clairement, sur chaque point, notre approbation ou notre blâme, qui ont pour sanction le vote ou le refus du budget et du contingent annuels.

Les mandataires élus de la nation ont donc aujourd'hui les prérogatives les plus essentielles des anciennes assemblées, ils peuvent faire connaître la volonté de leurs électeurs, et le vote des lois de finance et du contingent leur permet de faire prédominer cette volonté dans la direction des affaires de l'État.

Les députés sont nommés par le suffrage universel direct, sans scrutin de liste, et les seules conditions d'éligibilité imposées sont : 1° d'être électeur; 2° d'avoir l'âge de 25 ans révolus; 3° d'avoir préalablement déposé dans les formes et dans les délais prescrits le serment écrit, exigé par le sénatus-consulte du 17 février 1858.

L'élection a pour base *la population* (1); chaque département (2) a un député à raison de 35,000 *électeurs* (3), et

---

(1) Constitution, article 34.

(2) Les colonies et l'Algérie ne nomment pas de députés.

(3) Constitution, article 35. — « Il y aura un député au Corps législatif à raison de 35,000 *électeurs.* »

L'article 35 semble en contradiction avec l'article 34, qui donne pour base à l'élection le nombre des habitants et non celui des électeurs. Quelle que soit la valeur de cette contradiction des textes, que M. Latour-du-Moulin trouve plus apparente que réelle, voici, selon l'auteur des *Lettres sur la constitution de* 1852, le motif qui a dicté la restriction apportée par l'article 35 à l'article précédent : « On a voulu *écarter du scrutin l'élément*, d'ordinaire peu conservateur et d'ailleurs assez désintéressé, *de la population flottante.* »

En 1863, cette restriction à l'article 34 a amené ce singulier résultat, que si le nombre des électeurs *excédant* ce chiffre dépasse 17,500, il est créé une circonscription électorale nouvelle et le département a droit à un député de plus (1).

Le chiffre des électeurs inscrits étant essentiellement variable, le nombre des députés attribués à chaque département est donc tout aussi peu fixe ; ce nombre, qui était de 261 en 1852, est aujourd'hui de 283 et sera modifié de nouveau en 1867, conformément au tableau de répartition qui est dressé tous les cinq ans à la suite d'un recensement général.

Si le Gouvernement pouvait arbitrairement remanier *toutes les circonscriptions électorales* et séparer ainsi tous les cinq ans, à son gré, les élus de leurs électeurs, ce droit serait exorbitant, et aucun lieu durable ne pourrait exister entre les électeurs et leurs mandataires.

Mais le Gouvernement *n'a pas le droit*, ainsi que l'a déclaré M. le ministre d'État à la séance du 19 mars 1866, de remanier les circonscriptions en vue de telle ou telle élection ; le droit constitutionnel est limité à l'obligation de modifier les circonscriptions des départements dans lesquels le chiffre des électeurs inscrits a diminué ou augmenté dans de telles proportions qu'elles modifient le nombre des députés affecté jusqu'alors à ces départements.

Le Corps législatif, dans son ensemble, est bien la manifestation de l'opinion et des volontés du pays tout entier, et nul ne saurait contester la validité de son mandat. Cependant chaque député, tout en représentant, pour sa

---

le nombre des députés a augmenté dans certains départements qui avaient vu leur population diminuer, tandis que le nombre des représentants à élire a diminué dans le département de la Seine, alors que la population avait augmenté dans des proportions considérables.

(1) Sénatus-consulte du 27 mai 1857.

part, une fraction de la volonté souveraine de la France, est en même temps le mandataire plus spécial du groupe qui l'a élu, de la circonscription électorale qui l'a envoyé à la chambre.

A ce point de vue, nous regrettons que les liens entre l'élu et ses électeurs soient si légers, que la circonscription électorale ne réponde pas à une division administrative comme l'arrondissement, et qu'enfin elle soit tous les cinq ans exposée à des remaniements de nature à rompre les liens établis entre les électeurs et les élus.

Les députés sont élus pour six ans, leurs pouvoirs sont vérifiés par le Corps législatif lui-même, qui est seul juge de la validité des opérations électorales ; et leur indépendance a toute garantie pendant la durée de leur mandat.

En effet, ils ne peuvent être recherchés, accusés ou jugés en aucun temps pour les opinions qu'ils ont émises au sein du Corps législatif ; aucune contrainte par corps ne peut être exercée contre eux pendant la session et pendant les six semaines qui la précèdent ou la suivent ; enfin, ils ne peuvent être ni poursuivis ni arrêtés en matière criminelle, sauf le cas de flagrant délit, qu'après que le Corps législatif a autorisé la poursuite.

Le Corps législatif doit être réuni chaque année pour voter les lois et l'impôt, mais il ne se réunit pas de plein droit à une époque fixe de l'année (1) ; c'est l'empereur qui seul a le droit de le convoquer, de l'ajourner et même de le dissoudre (2). La chambre, qui n'a pas plus que le Sénat le droit de discuter et de modifier son règlement, n'a pas non plus la nomination de son président, de ses

---

(1) L'article 33 de la constitution de l'an VIII statuait que la session du Corps législatif *commençait chaque année le* 1ᵉʳ *frimaire.*

(2) En cas de dissolution du Corps législatif, l'empereur doit convoquer la nouvelle assemblée dans le délai de six mois. (Constit. art. 46.)

vice-présidents et de ses questeurs. L'empereur, qui peut, par décret, modifier notre règlement intérieur, a aussi le droit de faire toutes ces nominations, sans être astreint à d'autre obligation que de choisir parmi les députés, le président, les vice-présidents et les questeurs qu'il veut donner à l'assemblée (1). Ces nominations sont faites pour un an seulement.

Il y a dans ces dispositions, qui semblent mettre la chambre en quelque sorte en tutelle, une contradiction manifeste avec les idées libérales affirmées par l'empereur le 24 novembre 1860, et nous ne doutons pas que l'étude approfondie d'une question qui touche à la dignité même de l'assemblée élective n'amène un jour le Gouvernement à rendre à la chambre toute son autonomie (2).

Les fonctions de secrétaires du Corps législatif étaient remplies pendant toute la durée de la session par les plus jeunes membres présents à la première séance (3). Aujourd'hui la chambre nomme ses secrétaires au scrutin secret, et cette nomination a une assez grande importance, puisque les secrétaires et le président composent le bureau de la chambre, bureau qui est appelé à décider lorsque la chambre vote par assis et levé, si le vote ainsi émis est affirmatif ou négatif. — Ce que le Gouvernement a fait pour la nomination de nos secrétaires, ne sommes-nous pas en droit d'espérer qu'il le fera un jour pour la

---

(1) Sous le premier empire, le président et les questeurs du Corps législatif devaient être choisis par l'empereur sur une liste de candidats présentée par l'assemblée, liste quintuple pour le président et triple pour les questeurs.
(Sénatus-consulte. — 18 frimaire an XII.)

(2) C'est une question de dignité pour la chambre qui nous fait seule formuler cette revendication; car, en fait, croit-on que la chambre aurait refusé ses votes au regrettable et regretté M. de Morny ? Croit-on qu'elle aurait hésité davantage à porter au fauteuil de la présidence l'homme d'État qui a eu l'insigne honneur de contre-signer le décret du 24 novembre 1860 ?

(3) Décret du 22 mars 1852.

nomination du président, des vice-présidents et des questeurs ?

La constitution déclarait que les fonctions de député devaient être gratuites ; le sénatus-consulte du 25 décembre 1852 est revenu au principe de l'indemnité. Et voici sur quelles raisons décisives s'appuyait le rapporteur du sénatus-consulte pour justifier l'équité, la nécessité même de l'indemnité :

« Les députés supportent une charge, celle des frais de déplacement et de séjour ; il est juste qu'ils en soient indemnisés. Remarquez d'ailleurs que les députés ne peuvent plus joindre à leur mandat législatif l'exercice de fonctions publiques salariées ; de plus la loi ne soumet l'éligibilité à aucune condition de cens ; de sorte que la gratuité du mandat éloigne de la législature des hommes honorables et utiles, auxquels un patrimoine modeste ne permet pas de dépenses extraordinaires. L'allocation d'une indemnité est donc une conséquence naturelle de la constitution, de son principe d'égalité, de sa base démocratique. »

Cette indemnité, qui était jusqu'ici mensuelle, c'est-à-dire proportionnelle au temps que leurs travaux prenaient aux députés, a été fixée à un chiffre invariable de 12,500 francs pour les sessions ordinaires, quelle que soit leur durée.

Cette limitation insuffisante obligeait le Gouvernement à décréter des prorogations successives. « Or ces prorogations, ne pouvant être calculées avec précision, prenaient l'apparence de disputer avec parcimonie aux députés la mesure de leur temps. Le projet d'article s'en rapporte à leur zèle, à leur activité, à leur désir de rentrer dans leurs foyers, en prouvant par leurs actes qu'ils ont fait le plus possible pour la chose publique. Ce changement a entraîné aux yeux du Gouvernement un changement dans le mode de fixation de l'indemnité aux membres du Corps législatif. Votre commission n'aurait vu d'inconvénient à cette mesure que si elle avait fait perdre aux allocations dont il s'agit *le caractère d'un pur dédommagement*, mais il n'en est pas ainsi. » (Rapport de M. Troplong.)

Le sénatus-consulte du 15 juillet 1866 a décidé, suivant les conclusions de ce rapport, que l'indemnité accordée aux députés cesserait d'être mensuelle, et en vérité nous ne saurions regretter sa fixation à un chiffre invariable, quelle que soit la durée de nos travaux, quand nous nous rappelons les implacables sarcasmes dont la verve populaire accablait jadis les représentants du peuple appointés à 25 francs par jour. Cette invariabilité du chiffre de l'indemnité ne sera-t-elle pas la meilleure sauvegarde contre les perfides imputations, tendant à faire penser que la longueur des sessions est amenée, non point par la consciencieuse élaboration des projets de lois, mais par je ne sais quels calculs mesquins et honteux.

Et alors qu'un ministre touche 100,000 francs, qu'un sénateur est appointé à 30,000 francs, un conseiller d'État à 25,000 francs, un chef de division à 15,000 francs, le peuple pourra-t-il, quelle que soit la force de ses préjugés à cet égard, s'indigner de voir qu'une indemnité de 12,500 francs, qui n'est qu'un pur dédommagement, est accordée aux députés qu'il a choisis pour défendre ses intérêts et contrôler le Gouvernement.

Cette mesure vraiment démocratique permet au savant, à l'ouvrier même, de siéger à côté des plus riches propriétaires sur les bancs du Corps législatif; elle est le complément logique et nécessaire de la disposition légale

par laquelle tous les fonctionnaires sont exclus de la
chambre (1).

L'exclusion des fonctionnaires, si elle a quelques inconvénients pour la discussion et l'élaboration des lois
réglementant certaines matières spéciales, est, d'un
autre côté, une garantie sérieuse de l'indépendance du
Corps législatif, et à ce point de vue nous ne pouvons
qu'y applaudir.

Le Corps législatif a donc à peu près toutes les garanties d'indépendance qu'on peut désirer pour lui, et nous
verrons tout à l'heure quelle est l'importance du rôle
constitutionnel que lui donne aujourd'hui le développement de nos institutions.

Mais sa fonction première est de discuter et de voter
les lois, et nous allons examiner rapidement tout d'abord
quelle est la procédure des projets de lois qui sont soumis
à son vote par le pouvoir exécutif.

Lorsque la nécessité d'une loi nouvelle est reconnue
spontanément par le Gouvernement ou qu'elle lui est manifestée par un vœu du Corps législatif, le ministère
compétent est chargé de fixer les bases de la loi nouvelle
et l'avant-projet qu'il a rédigé est envoyé par lui au Conseil d'État.

La section du Conseil d'État, correspondant au département ministériel dont ressort la loi projetée, discute,
amende et développe la proposition du Gouvernement,
et son travail, appuyé d'un rapport verbal, est soumis à
l'assemblée générale.

La proposition, adoptée par l'assemblée générale, devient un projet de loi, divisé en articles et appuyé

---

(1) La constitution de 1852 n'a pas étendu au Sénat l'exclusion des fonctionnaires publics qu'elle a décrétée pour le Corps législatif.

d'un rapport écrit, qui est envoyé au Corps législatif et qui est défendu par les conseillers d'État désignés à cet effet (1).

Le projet de loi, discuté sommairement en comité secret (2) par le Corps législatif, est renvoyé à l'examen des neuf bureaux de la chambre (3). Après une nouvelle discussion dans le sein des bureaux, chaque bureau nomme un (4) commissaire pour examiner le projet et faire à la chambre un rapport sur la loi proposée. La commission nommée fait venir devant elle les conseillers déjà chargés de la défense du projet et les intéressés qu'elle croit devoir entendre avant de se prononcer : elle discute les amendements proposés par ses propres membres ou par les autres députés qui ont le droit de venir devant elle défendre leurs propositions. Si elle les adopte, elle désigne trois de ses membres pour les défendre devant le Conseil d'État, et dans le cas où celui-ci consent à les accepter, ces amendements deviennent partie intégrante du projet de loi et remplacent le texte primitif. Si au contraire la commission rejette un amendement, ou si

---

(1) En outre, dans toute question la parole est accordée de droit, sans tour d'inscription, au ministre d'État, au ministre présidant le Conseil d'État, aux vice-présidents et aux présidents de section du Conseil d'État.

(2) Décret du 24 novembre 1860. — « Immédiatement après la distribution des projets de lois et au jour fixé par le président, la chambre se réunit en comité secret, une discussion sommaire est ouverte sur le projet de loi et les commissaires du gouvernement y prennent part. *La présente disposition n'est applicable ni aux projets de lois d'intérêt local ni dans le cas d'urgence.* »

(3) Chaque mois, le président de la chambre, assisté de quatre secrétaires de service, tire au sort le nom des députés qui doivent composer les neuf bureaux. Chaque bureau, avant de procéder à l'examen des projets de lois qui lui sont renvoyés, se constitue, c'est-à-dire se réunit et élit au scrutin secret son président et son secrétaire.

(4) Chaque bureau nomme *deux* commissaires pour composer la commission d'adresse et la commission du budget ; il en est de même chaque fois que la chambre a décidé que le projet de loi qui lui est présenté est d'une assez grande importance pour qu'il soit dérogé à la loi commune.

celui qu'elle a adopté est repoussé par le Conseil d'État, cet amendement ne prend pas place dans le projet de loi, mais il est soumis au vote du Corps législatif, qui peut le prendre en considération. Cette prise en considération oblige le Conseil d'État à examiner de nouveau l'amendement; mais si, persistant dans sa première opinion, le Conseil d'État refuse de l'accepter, le Corps législatif est obligé, ou de s'incliner devant ce dernier refus, ou de rejeter définitivement l'article de la loi auquel s'appliquait l'amendement pris en considération.

Une fois le travail d'élaboration terminé, la commission nomme un rapporteur qui lui soumet son travail et dépose son rapport en séance publique.

Du moment où le rapport est déposé, aucun amendement à la loi proposée ne peut plus être envoyé à la commission ; cette prescription du règlement est d'autant plus regrettable que le travail de la commission a plus profondément modifié le texte primitif du projet, texte primitif qui est seul connu des 274 membres de la chambre qui ne faisaient pas partie de la commission. Il y a évidemment là une lacune à combler, mais pour obvier à l'inconvénient que nous venons de signaler, il suffirait peut-être que le feuilleton du Corps législatif publiât, *quarante-huit heures avant le dépôt du rapport*, le texte *définitif* du projet présenté à la chambre par sa commission.

En tout état de cause, le Gouvernement a le droit de retirer un projet de loi, et c'est ce qu'il fait lorsqu'il présume, d'après l'esprit de la commission nommée, que le Corps législatif rejettera ses propositions. Le projet de loi qui constituait au général Montauban une pension de 50,000 francs, le projet de loi des travaux publics basé sur l'aliénation des forêts de l'État, pour ne citer que ces deux-là, ont ainsi été retirés en présence de l'improbation manifeste du Corps législatif. Nous espérons qu'il en sera de même du projet de réorganisation de l'armée, qui *discipline la nation* et fait des soldats de tous nos enfants, alors que notre agriculture et notre industrie manquent de bras.

Sauf le cas d'urgence, un projet de loi ne peut venir en discussion que vingt-quatre heures après que le rapport imprimé a été distribué à tous les membres de la chambre.

Tous les articles sont successivement mis en discussion et soumis au vote ; et si aucun d'entre eux n'est rejeté ou renvoyé à la commission, il est procédé au vote sur l'ensemble du projet de loi.

Adoptée par le Corps législatif, la loi est transmise au Sénat, qui n'a pas à la discuter de nouveau, mais qui examine si elle est ou non conforme à la lettre et à l'esprit de la constitution, et déclare, après cet examen, qu'il s'oppose ou ne s'oppose pas à la promulgation.

Si le Gouvernement promulgue la loi, elle prend place au *Bulletin des Lois* et est mise en vigueur dans les délais légaux ; si au contraire, regrettant d'avoir présenté un projet de loi ou désapprouvant les modifications qui y ont été introduites par le Corps législatif et le Conseil d'État, le Gouvernement ne veut pas promulguer une loi votée par le Corps législatif et sanctionnée par le Sénat, cette loi reste à l'état de lettre morte. Elle est comme si elle n'avait jamais existé, car le droit de *veto* du Gouvernement est absolu (1), et ce droit n'a d'autre tempérament que la nécessité imposée à tout Gouvernement de marcher d'accord avec l'opinion publique, de ne pas mettre en évi-

---

(1) Constitution de l'an VIII, art. 37. — « Tout décret du Corps législatif, *le dixième jour après son émission, est promulgué par le premier consul*, à moins que, dans ce délai, il n'y ait eu recours au Sénat pour cause d'inconstitutionnalité. »

dence, par un refus de promulgation, le dissentiment qui peut exister, sur une question grave, entre lui et la nation.

Les deux projets de lois les plus importants que le Corps législatif ait à voter chaque année sont la loi du contingent et la loi de finances ; en accordant ou en refusant au Gouvernement des hommes pour l'armée, de l'argent pour les services publics, le Corps législatif, organe de la nation, peut imposer souverainement la direction qu'il veut à la politique du Gouvernement. C'est la sanction de l'approbation ou du blâme qu'il exprime sur cette politique, dans l'adresse qu'il vote en réponse au discours de la couronne.

Le droit de fixer la quotité du contingent chaque année, suivant les circonstances, est absolu. Ces conditions étant essentiellement variables, la quotité du contingent, ce sacrifice nécessaire mais des plus onéreux pour la nation, doit aussi varier chaque année.

C'est à ce point de vue qu'il serait impossible d'admettre qu'une loi pût fixer d'avance à un chiffre déterminé et invariable le contingent annuel, car cette loi lierait d'avance les législatures et serait l'abdication du droit qu'elles doivent conserver de déterminer chaque année quelle est l'étendue du sacrifice d'hommes que doit et peut s'imposer la nation.

Le droit de fixer la quotité des impôts qui doivent faire face aux dépenses publiques est aussi absolu, et si pas un homme ne peut être levé sans l'assentiment de la chambre, pas un centime d'impôt ne peut être prélevé sans que le Corps législatif ait autorisé le Gouvernement à le prélever.

En 1852, le budget était voté par ministère, et la crainte de jeter la perturbation dans les services publics et d'entraver la marche du Gouvernement pouvait empê-

cher de repousser l'allocation d'un ministère tout entier,
malgré les abus incontestables qu'on aurait pu signaler sur
tel ou tel point.

Aujourd'hui le budget est voté par grandes divisions, ce
qui est un premier pas vers le vote par chapitres, infini-
ment plus rationnel, car il ne peut pas y avoir de contrôle
efficace sans spécialité.

De plus, le droit donné à la chambre de prendre en
considération un amendement, alors même que. cet amendement aurait été repoussé, ou par le Conseil d'État, ou
par la commission du Corps législatif, amènera forcément plus d'une fois le rejet d'une des grandes divisions
soumises au vote de la chambre. En effet, si malgré la
prise en considération d'un amendement par la majorité
de l'assemblée, le Conseil d'État persiste à le repousser,
le Corps législatif pourra avoir *le dernier mot* en reje-
tant la division budgétaire à laquelle s'appliquera l'a-
mendement qu'elle aura fait *sien* en le prenant en considération.

La première condition pour que l'efficacité du contrôle
exercé sur les finances de l'État fût sérieuse et complète,
ce serait que la clarté la plus grande régnât dans notre
comptabilité publique, qu'il n'y eût jamais qu'un seul
budget en cours, afin que sa situation, actif et passif, pût
toujours se balancer exactement avec celle du trésor.

Au lieu de cette simplicité *idéale*, nous avons une
comptabilité tellement compliquée, que peu de gens
peuvent s'y reconnaître et que le contrôle du Corps législatif devient bien difficile à exercer.

Nous avons cinq budgets : budget général, budget
extraordinaire, budget supplémentaire, budget rectifi-
catif, budget de l'amortissement, et tous ces budgets
peuvent se diviser en provisoires et en définitifs.

Entre les budgets provisoires, que nous votons pour

mettre à la disposition du Gouvernement les sommes présumées nécessaires aux divers services, et ces mêmes budgets devenus définitifs, dans lesquels on nous rend compte des sommes votées antérieurement, il se passe trois ans, quatre ans, quelquefois cinq (1).

Ainsi une année est prise, par la cour des comptes, pour rendre *une déclaration de conformité*, qui serait rendue tout aussi bien par la commission du Corps législatif, alors que les dépenses, faites par les agents comptables du Gouvernement, ont passé par toute la filière de la hiérarchie administrative avant de revenir à la comptabilité centrale.

Les deux ou trois premières années sont prises par le Gouvernement pour arriver à clore les budgets, qu'il n'arrête pas avant que toutes les dépenses et toutes les recettes votées pour leurs exercices aient été réalisées.

Avec cet ingénieux système, nous avons toujours trois ou quatre budgets en cours d'exercice simultané, entre lesquels il est facile de faire des reports de crédits ou de recettes; et il est absolument impossible au Corps législatif, il est peut-être même difficile pour M. Fould, de savoir quelle est la situation respective du trésor et des budgets, de faire le bilan véritable de notre situation financière.

Le budget était pour le Corps législatif une occasion toute naturelle d'examiner et de discuter dans l'ordre où elles se présentaient toutes les questions de la politique intérieure et extérieure du Gouvernement.

Mais le Gouvernement a compris que « *c'est la sagesse*

---

(1) Si je ne me trompe, le budget de 1862, voté en 1861, n'a été soumis au vote du Corps législatif, à l'état de budget définitif, qu'à la session de 1866.

*de la bonne politique d'interroger incessamment les senti-
ments du pays, et d'en tenir compte dans la mesure de ce
qui est vrai et prudent* (1). « Et l'empereur, par le décret
du 24 novembre 1860, a rendu le droit d'adresse au Corps
législatif en disant à ses ministres : « *Je veux connaître
l'opinion du pays par l'organe de ses députés* (2) ».

Grâce à l'adresse, *information loyale et patriotique
sur les besoins du pays, discussion de nature à éclairer le
pouvoir* (3), les députés, seuls mandataires élus de la
nation, seuls organes officiels des électeurs, c'est-à-dire

---

(1) M. Rouher.

(2) L'empereur, dans son ardent désir de provoquer les progrès et les améliorations, et d'être éclairé sur la situation et les besoins du pays, a fait plus
d'une tentative infructueuse avant d'en revenir à la véritable source d'in-
formations, aux députés, organes des vœux du pays.

Le 15 avril 1852, le ministre de la police générale, ordonnant aux inspecteurs généraux de se mettre, par des tournées fréquentes, en rapport avec
leurs circonscriptions, leur disait :

« Le principe de sa force et de sa durée, le Gouvernement veut le puiser
surtout dans la connaissance profonde de la situation et des besoins du
pays. Votre institution a précisément pour but de le seconder dans ce but.

« Semblables, à plus d'un titre, à ces éminents magistrats qui, dans la
période la plus glorieuse du moyen âge, parcouraient les provinces, s'en-
quéraient des besoins, scrutaient et redressaient les abus, et laissaient ainsi
sur leur passage les témoignages éclatants de la sollicitude du souverain,
vous devez, par votre présence, rendre partout sensible la vigilance salutaire
du Gouvernement. Vous êtes, entre lui et les masses, un point de communi-
cation immédiate et incessante. C'est ce mouvement régulier de l'opinion
vers le pouvoir et du pouvoir vers l'opinion qui constitue le véritable si ce
n'est l'unique ressort capable d'entretenir l'équilibre dans la vie sociale et
d'amener les progrès réels et les sages perfectionnements.

« Étudier et éclairer, voilà votre double devoir. »

Moniteur du 11 janvier 1856. — « Il dépend du Sénat de rendre ses loisirs
plus utiles que ne l'étaient les travaux de l'assemblée dont il occupe la
place au Luxembourg... La constitution a voulu que, dans l'intervalle de ses
sessions, ce corps inamovible et indépendant eût assez de loisirs pour parcourir le pays, s'informer de ses besoins et formuler ensuite les projets de
lois qui en seraient l'expression. Elle a voulu qu'au moyen de cette enquête
locale, faite par chacun de ses membres avec l'ascendant de sa situation, ce
corps pût éclairer sans cesse le Gouvernement sur l'état moral et matériel
de la société. »

(3) Rapport de M. Troplong.

du pays tout entier, peuvent aujourd'hui faire connaître
clairement au pouvoir quelle est leur opinion sur les actes
de la politique intérieure et extérieure, quels sont les
besoins du pays, quels sont ses vœux.

Et lorsqu'ils ont loyalement éclairé le pouvoir en lui
indiquant quelle direction ils désirent voir prendre aux
affaires de l'État, si le Gouvernement n'adopte pas leur
manière de voir, ils peuvent trouver dans le vote ou le
refus du contingent et du budget le moyen de faire prédominer leur opinion, qui, jusqu'à preuve contraire, n'est
autre chose que l'opinion du pays.

L'adresse donne encore, dans une certaine mesure, au
Corps législatif le droit d'initiative et le droit d'interpellation; et si, par son droit de refus du contingent ou du
budget, il peut empêcher l'adoption d'une mesure impopulaire, arrêter à son début une expédition lointaine ou une
guerre qui ne lui semble pas suffisamment justifiée, ce
droit de refus lui permet même de faire disparaître des
conseils du Gouvernement un ministre, fût-ce un ministre d'État, lorsque ce conseiller de la couronne lui
paraît jouer un rôle dangereux pour les intérêts et l'avenir du pays.

Mon collègue Emile Ollivier avait donc raison de dire à
la session dernière : « *Si influer sur les affaires publiques
et sur le choix même des ministres, c'est entrer dans le
régime parlementaire, nous y sommes en plein.* »

Nous sommes bien loin aujourd'hui de cette constitution
primitive *dont il ne reste presque plus rien, et qui a été
abrogée dans sa partie substantielle et fondamentale, par
le décret du 24 novembre* 1860 (1).

Mais qui pourrait s'étonner ou se plaindre de ce que le

---

(1) Émile Ollivier, 19 mars 1866.

rôle effacé, assigné primitivement au Corps législatif, soit devenu, par le développement libéral donné à nos institutions, le rôle prépondérant que, dans une nation libre et maîtresse de ses destinées, doit jouer l'assemblée des mandataires élus par le suffrage universel, par la nation tout entière ?

LE SÉNAT

Qu'est-ce que le Sénat? Quel est son rôle?

Le législateur de 1852 n'a pas voulu que la Chambre haute qu'il créait eût le moindre rapport avec la Chambre des pairs, *pâle reflet de la Chambre des députés, répétant à quelques jours d'intervalle les mêmes discussions sur un autre ton* (1).

Reprenant l'idée de la jurie constitutionnaire de Sieyès (2), idée développée et formulée en l'an V sous la forme du Collége des conservateurs, ou du Sénat conservateur, il a créé *une assemblée, formée de toutes les illustrations du pays, gardien du pacte fondamental et des libertés publiques* (3); *une assemblée, composée des éléments qui, dans tout pays, créent les influences légitimes, le nom illustre, la fortune, le talent, les services rendus,*

---

(1) Proclamation au peuple français, 14 janvier 1852.

(2) « Il y aura, sous le nom de jurie constitutionnaire, un corps de représentants, au nombre des trois vingtièmes de la législature, *avec mission spéciale de juger et prononcer sur les plaintes en violation de la constitution* qui seraient portées contre les décrets de la législature. »

(Propositions de Sieyès en l'an III.)

« Le Sénat conservateur *maintient ou annule* tous les actes qui lui sont déférés *comme inconstitutionnels* par le Tribunat ou par le Gouvernement. »

(Constitution de l'an VIII.)

(3) Bases présentées à l'acceptation du peuple français en décembre 1851.

et *remplissant dans l'État le rôle indépendant, salutaire, conservateur des anciens parlements* (1).

« *Dans les temps réguliers et calmes, le Sénat peut
suggérer toutes les grandes mesures d'utilité publique :
il entend les pétitions des citoyens, il examine la situation du pays, il recherche ses besoins, il étudie les perfectionnements de son organisation, il signale les réformes utiles, il propose les améliorations réelles.*

« *Dans les temps extraordinaires, il peut, comme les
anciens parlements, arrêter le pouvoir quand il s'égare ;
il veille au salut de la patrie, à l'intégrité du territoire,
au respect du pacte national, au maintien de tous les
principes et de tous les intérêts de la société* (2). »

L'Empereur, qui s'est réservé de présider le Sénat
lorsqu'il le juge convenable, a donné à cette assemblée
le premier rang dans l'ordre des préséances des grands
corps de l'État.

Que faut-il pour que le Sénat exerce la haute mission
constitutionnelle qui lui a été donnée? Il faut qu'il puisse
agir de son propre mouvement, sans attendre l'impulsion
du Gouvernement; en d'autres termes, il faut qu'il soit
dans des conditions suffisantes d'indépendance.

Ces conditions d'indépendance manquent-elles au Sénat
du second empire ?

Les sénateurs sont inamovibles et nommés à vie ; une
dotation viagère de 30,000 francs leur est affectée (3); ils
ne peuvent être recherchés pour les paroles prononcées
par eux à la tribune ; s'ils commettent un crime ou un

____

(1) Proclamation au peuple français, 14 janvier 1852.
(2) *Moniteur* du 11 janvier 1856.
(3) L'article 21 de la constitution du 14 janvier 1852 décidait que les
fonctions de sénateur seraient *gratuites;* cet article a été abrogé par le
sénatus-consulte du 25 décembre 1852.

délit ordinaire, ils ne peuvent être poursuivis que devant la haute cour de justice, et seulement lorsque le Sénat a autorisé les poursuites (1).

Le Sénat se compose :

1° Des sénateurs de droit (les cardinaux, les maréchaux, les amiraux, les princes de la famille impériale) ;

2° Des sénateurs nommés par l'Empereur, et dont le nombre ne peut excéder cent cinquante (2).

Cette limitation de nombre est une garantie pour l'indépendance de l'assemblée, qui n'a pas à redouter des *fournées* de sénateurs (3).

---

(1) La haute cour de justice instituée par l'article 5 de la constitution a été organisée par le sénatus-consulte du 10 juillet 1852, et sa compétence a été déterminée par le sénatus-consulte du 4 juin 1858.

Elle est composée : 1° d'une chambre de mises en accusation et d'une chambre de jugement, formées de juges pris parmi les membres de la cour de cassation ; 2° d'un haut jury pris parmi les membres des conseils généraux des départements.

Chaque chambre est composée de cinq juges et de deux suppléants.

Les juges et les suppléants de chaque chambre sont nommés tous les ans, dans la première quinzaine de novembre, par l'empereur.

Le haut jury se compose de trente-six jurés titulaires et de quatre jurés suppléants.

Les fonctions de haut juré sont incompatibles avec celles de ministre, sénateur, député au Corps législatif, membre du Conseil d'État.

La haute cour connaît *des crimes et des délits* commis par des princes de la famile impériale et de la famille de l'empereur, par des ministres, par des grands officiers de la couronne, par des grands-croix de la Légion d'honneur, par des ambassadeurs, *par des sénateurs*, par des conseillers d'État.

(2) Le sénatus-consulte organique de l'an XII (28 floréal) décidait que le Sénat se composerait :

1° Des sénateurs de droit (princes français et grands dignitaires de l'empire ;

2° Des quatre-vingts membres à la nomination du Sénat, sur la présentation de trois candidats, faite par l'empereur ;

3° Des citoyens, *sans limitation de nombre*, que l'empereur jugerait convenable d'élever à la dignité de sénateurs.

(3) Sous la Restauration, par exemple, l'ordonnance du 5 mars 1819 nomma d'un seul coup soixante et un pairs héréditaires, et celle du 5 novembre 1827 en créa soixante-seize. — Ces exemples suffisent pour montrer de quelle importance la limitation de nombre est pour l'indépendance du Sénat.

La constitution de 1852, qui a prononcé l'incompatibilité de toute fonction publique avec le mandat de député, n'a pas décrété la même interdiction contre les sénateurs; on peut être en même temps général en activité, magistrat, préfet et membre du Sénat (1).

Cette faculté de cumul n'est-elle pas fâcheuse, en admettant même qu'elle n'affecte en rien l'indépendance du Sénat?

La situation des fonctionnaires dans une assemblée politique est toujours délicate : en votant dans le sens du pouvoir, ils diminuent leur propre caractère ; en votant contre lui, ils affaiblissent le principe d'autorité (2).

Au point de vue de l'indépendance et de la dignité de cette assemblée, nous pouvons aussi regretter la disposition légale qui enlève au Sénat la faculté de modifier son règlement, et la nomination de son président, de ses vice-présidents, de son grand référendaire et de son secrétaire (3).

Mais, en résumé, l'inamovibilité, la nomination à vie, la dotation, la limitation des sénateurs *nommés* sont pour le Sénat des garanties plus que suffisantes d'indépendance;

---

(1) La constitution de l'an VIII déclarait tout sénateur *à jamais inéligible à toute autre fonction.*

La constitution de 1852, au contraire, permet à un sénateur d'exercer des fonctions rétribuées et de conserver en même semps la dotation qui est affectée à sa dignité de sénateur; elle l'autorise aussi à donner sa démission pour devenir membre soit du Conseil d'État, soit du Corps législatif.

Si l'on comprend que, presque toujours, un conseiller d'État, et parfois un député puissent désirer une place au Sénat, il est plus difficile d'admettre, *au point de vue constitutionnel,* qu'un sénateur veuille et puisse se dépouiller de sa dignité, pour aller s'asseoir sur les bancs d'une autre assemblée, occupant dans la hiérarchie des pouvoirs, un rang moins élevé que celui du Sénat.

(2) Circulaire de M. de Morny, ministre de l'intérieur, aux préfets, 20 janvier 1852.

(3) Il en est de même pour le Corps législatif.

rien, si ce n'est sa volonté, ne peut donc l'empêcher de remplir la haute mission qui lui a été donnée par le législateur de 1852.

Quelles sont les attributions conférées à cette assemblée, dont les prérogatives sont si grandes, dont l'indépendance est si bien assurée par la constitution ?

Les attributions du Sénat sont considérables, et nous allons les passer successivement en revue.

Aucune loi ne peut être promulguée avant de lui avoir été soumise (1). Il s'oppose à la promulgation : 1° des lois qui seraient contraires ou qui porteraient atteinte à la constitution, à la religion, à la morale, à la liberté des cultes, *à la liberté individuelle*, à l'égalité des citoyens devant la loi, *à l'inviolabilité de la propriété* (2), au principe de l'inviolabilité de la magistrature.

---

(1) Le Sénat ne discute pas à nouveau la loi votée par le Corps législatif ; la question constitutionnelle est seule mise en discussion et soumise au vote du Sénat. Le président du Sénat ne peut donc que proclamer en ces termes le résultat du scrutin : « Le Sénat s'oppose ou ne s'oppose pas à la promulgation. » Le droit de *veto* du Sénat, au cas où il s'oppose à la promulgation d'une loi, est absolu, et le pouvoir exécutif ne peut promulguer la loi frappée de *veto* par le Sénat. Il n'en était pas de même sous le premier empire, et le sénatus-consulte organique du 28 floréal an XII statuait ainsi sur ce point :

« Le Sénat, dans les six jours qui suivent l'adoption du projet de loi, délibérant sur le rapport d'une commission spéciale, et après avoir entendu trois lectures du décret, dans trois séances tenues à des jours différents, peut exprimer *l'opinion* qu'il n'y a pas lieu à promulguer la loi.

« Le président porte à l'empereur la délibération motivée du Sénat. L'empereur, après avoir entendu le Conseil d'État, ou déclare, par un décret, son adhésion à la délibération du Sénat, ou *fait promulguer la loi.* »

(2) La loi sur les instruments de musique a été considérée par un certain nombre de sénateurs comme une atteinte portée *à l'inviolabilité de la propriété*, et une assez forte minorité, *vingt-cinq* voix, s'est opposée à la promulgation de cette loi.

Nous croyons que dans cette occasion, la seule, depuis 1852, où la constitutionnalité d'une loi ait été sérieusement contestée au Sénat, la vérité n'était pas du côté des sénateurs opposants. En effet, le droit de reproduction ou *d'exploitation commerciale*, concédé bénévolement, et pour un temps limité, par la société, à l'auteur ou à l'artiste, ne saurait constituer *une propriété.* Une réglementation, quelque restrictive qu'elle soit, de l'étendue de ce

Bien que le règlement du Sénat décide que, pour les projets de lois adoptés par le Corps législatif, la question constitutionnelle doit seule être discutée, il était inévitable que la discussion ne portât sur la loi elle-même. Le Sénat doit décider, en effet, si cette loi porte atteinte, par son esprit, ou par quelqu'une de ses dispositions, soit à la constitution elle-même, soit à quelqu'un des grands principes de 1789, reconnus, confirmés et garantis par la constitution de 1852. — Comment pourrait-il se prononcer, en connaissance de cause, sans juger les lois dans leur esprit et dans leur texte, sans les discuter dans leur généralité et dans leurs moindres détails?

---

droit *concédé bénévolement*, de ce privilége octroyé, ne saurait constituer en aucun cas une atteinte à *l'inviolabilité de la propriété*.

Nous pensons que le Sénat aurait pu contester avec plus de raison la constitutionnalité *des décrets impériaux*, modifiant dans une certaine mesure la constitution sans le concours du Sénat et établissant :

Un conseil privé, examinant, au lieu et place du Conseil d'État, les projets de lois d'un grand intérêt national, un conseil privé dont les membres ont *rang de ministres* dans l'ordre des préséances ; *un conseil des ministres; un ministre présidant le Conseil d'État ; des ministres sans portefeuille*, puis un *ministre d'État*, venant, concurremment avec les conseillers d'État, soutenir devant les chambres les projets adoptés *en conseil des ministres*.

Plus d'une fois, il a été fait allusion, au Sénat, à l'irrégularité de ces modifications à la constitution, et à la séance du 15 juillet 1866, *M. le général de la Rue* s'exprimait ainsi au sujet du décret du 24 novembre 1860 :

« Le droit de répondre au discours du trône par une adresse a été accordé *par un simple décret*. L'opposition eût certainement *nié la légalité de ce décret modifiant la constitution*, si elle n'avait pas compris le parti qu'elle aurait en tirer comme moyen d'attaque. »

Est-ce l'opposition au Corps législatif qui est instituée par la constitution *la gardienne de la constitution?*

M. de la Rue et les sénateurs qui regrettent, avec lui, que le sénatus-consulte du 15 juillet 1866 n'ait pas été plus complet et n'ait pas supprimé quelqu'une de ces modifications libérales, apportées par simples décrets à la constitution de 1852, n'ont-ils rien autre chose à faire que de gémir sur des mesures que le pays n'aurait accueillies, suivant eux, qu'avec une surprise mêlée de tristesse?

S'ils pensent que *la légalité des décrets* modifiant la constitution peut être niée, leur devoir n'était-il pas, *à eux, gardiens de la constitution*, de demander au Sénat *l'annulation de ces décrets* pour cause d'*inconstitutionnalité?*

Le Sénat maintient, ou annule tous les actes qui lui sont déférés *comme inconstitutionnels* par le Gouvernement, ou dénoncés pour la même cause *par les pétitions des citoyens* (1).

Lorsque cet acte est déféré par le Gouvernement, la prise en considération est de droit ; les bureaux examinent la demande et nomment une commission, sur le rapport de laquelle il est procédé au vote.

Le président proclame le résultat du vote en ces termes : *Le Sénat maintient ou annule.*

Si, au contraire, un acte est dénoncé, comme inconstitutionnel, par une pétition, celle-ci est renvoyée à la commission des pétitions qui, dans un rapport *sommaire*, propose la question préalable ou le renvoi dans les bureaux. — Si le renvoi est prononcé, les bureaux nomment une commission spéciale, sur le rapport de laquelle, il est procédé au vote en séance générale.

L'annulation prononcée par le Sénat est définitive, et cette décision, qui peut frapper un décret impérial même, n'a pas besoin, pour être exécutoire, de la promulgation faite par le pouvoir exécutif.

Tout citoyen peut, par une pétition, mettre le Sénat en demeure d'exercer cette prérogative souveraine de cour de cassation politique ; mais, pour éviter l'abus de ce droit, il est dérogé à la procédure suivie pour les péti-

---

(1) Tout citoyen a, comme le Gouvernement. le droit *de mettre le Sénat en demeure* de se prononcer sur la constitutionnalité d'un acte. Il est vrai, que cette dénonciation d'inconstitutionnalité, faite par un simple citoyen, peut être écartée par la question préalable, mais la publicité donnée depuis 1860 aux débats du Sénat est une garantie contre l'abus de la question préalable.

La constitution de l'an VIII ne reconnaissait au Sénat le droit d'annuler que les actes seuls qui lui étaient déférés comme inconstitutionnels par le Gouvernement ou par le Tribunat. Les simples citoyens ne pouvaient saisir le Sénat, par voie de pétition, d'une question d'inconstitutionnalité.

tions ordinaires, pétitions dont le rapport est obligatoire et n'est soumis à aucune formalité.

Toute pétition dénonçant l'inconstitutionnalité d'un acte peut être, avant toute discussion, et à la suite d'un rapport *sommaire*, écartée par la question préalable.

On comprend qu'on n'ait pas pris les mêmes précautions contre la demande analogue, déférée au Sénat par le Gouvernement, car lorsqu'une telle demande émane du pouvoir exécutif, les garanties de prudence sont plus que suffisantes, elles sont excessives.

Le Sénat a, seul, le droit de mettre les ministres en accusation (1). C'était la Chambre des députés, dans le système de la charte, qui avait ce droit de mise en accusation, et la Chambre des pairs qui, sur cette mise en accusation, jugeait les ministres.

La constitution a donné au Sénat le droit conféré auparavant à la Chambre élective, et le sénatus-consulte du 4 juin 1858 a décidé que les ministres mis en accusation par le Sénat seraient jugés par la haute cour de justice, convoquée à cet effet par un décret impérial.

Ce sénatus-consulte, n'est rien autre chose, du reste, que l'application des principes posés en ces termes le 14 janvier 1852 dans la proclamation au peuple français :

« Le Sénat ne sera pas, comme la Chambre des pairs, transformé en cour de justice ; il conservera son caractère de modérateur suprême, car la défaveur atteint toujours les corps politiques lorsque le sanctuaire des législateurs devient un tribunal criminel. L'impartialité du juge est mise en doute, et il perd de son prestige devant

---

(1) Constitution de 1852, article 13.

l'opinion publique, qui va quelquefois jusqu'à l'accuser
d'être l'instrument de la passion et de la haine. »

Le Sénat a donc le droit d'accusation ; il n'a pas celui
de jugement.

Sous le régime parlementaire les citoyens pouvaient
s'adresser par voie de pétition soit à la chambre des
pairs, soit à la chambre des députés.

La constitution de 1852 décrète qu'aucune pétition ne
peut être adressée au Corps législatif, mais que le droit
de pétition, qui peut prendre parfois une importance capitale, ne peut s'exercer qu'auprès du Sénat.

Chaque mois, les bureaux du Sénat nomment des commissions, chargées d'examiner les pétitions qui ont été
adressées à l'assemblée et de faire des rapports sur elles.

Ces rapports sont lus en séance générale, tous les huit
jours ; le Sénat est appelé à se prononcer sur les conclusions qui lui sont proposées par les rapporteurs ; et le
vote porte sur l'ordre du jour pur et simple, le dépôt au
bureau des renseignements, ou le renvoi au ministre compétent. (Const., art. 30.)

La crainte de voir le Sénat passer son temps à discuter,
ou du moins à examiner, sérieusement, des pétitions, incon-
venantes ou ridicules, et pouvant se reproduire dix fois
après avoir été rejetées par l'assemblée, cette crainte a
fait adopter la disposition additionnelle suivante : « La
question préalable peut être proposée soit par la commission, soit par un membre du Sénat. » (Décret du
30 avril 1864.)

Voici la procédure, suivie pour les pétitions ordinaires ;
nous avons vu tout à l'heure, que les pétitions dénonçant
l'inconstitutionnalité d'un acte étaient soumises à des
formalités exceptionnelles ; le sénatus-consulte du 15 juillet 1866 a établi une nouvelle dérogation à la loi com-

mune à l'égard des pétitions *ayant pour objet une modi-fication quelconque ou une interprétation de la consti-tution.*

Ces pétitions ne peuvent être rapportées en séance générale *que si l'examen en a été autorisé par trois au moins des cinq bureaux du Sénat*, c'est-à-dire par la majorité du Sénat.

La même condition, *d'autorisation préalable par trois bureaux*, avait été imposée à la lecture en séance générale des propositions de modification à la constitution, signées de dix sénateurs au moins. (Décret du 3 février 1861.)

Il y avait une anomalie singulière entre cette disposition et la procédure suivie pour le rapport des pétitions : les propositions de modification à la constitution, émanant de l'initiative du Sénat, étaient traitées moins favorablement que celles déférées au Sénat par voie de pétition et signées souvent par un seul citoyen.

On aurait pu abroger la disposition précitée du décret de 1861, pour faire disparaître cette anomalie ; on a préféré mettre toutes les propositions de modification à la constitution dans l'impossibilité d'arriver à la discussion en séance générale, lorsqu'elles ne seraient pas dans le sentiment de la majorité du Sénat.

Une autre disposition du même sénatus-consulte décrète, que les pétitions de ce genre ne pourront être rendues publiques, autrement que par la publication du compte rendu officiel de la séance, *dans laquelle elles auront été rapportées.*

Ces pétitions ne peuvent être *rapportées* en séance générale, ainsi que nous venons de le dire, que lorsque la *majorité du Sénat* en a autorisé la lecture. Une pétition, contenant une proposition de modification ou d'interprétation de la constitution, ne peut donc recevoir *aucune publicité*, à moins d'avoir été approuvée *par la majorité du Sénat*.

Droit d'initiative. — Les pétitions des citoyens, font connaître au Sénat les vœux et les besoins du pays ; chaque année, en outre, le Gouvernement fait imprimer, pour le Sénat, l'analyse des vœux des conseils généraux. « *Ce tableau vivant des besoins, des désirs et des réclamations présente incessamment à la sagesse du Sénat les plus utiles indications, pour cette recherche des pensées d'amélioration et de progrès, que la constante sollicitude de Sa Majesté impose à tout son Gouvernement, mais qui a été plus expressément confiée par la constitution à l'initiative du Sénat* (1). »

Le droit *exclusif* de recevoir des pétitions des citoyens, n'a donc été accordé au Sénat que pour stimuler énergiquement chez lui l'exercice d'un autre droit plus précieux encore, que le législateur de 1852 avait ôté aux députés pour le lui donner, l'exercice du *droit d'initiative*.

Ce n'est pas assez, pour le Sénat, de s'éclairer, pendant les sessions, par l'examen consciencieux de milliers de pétitions, par la comparaison des demandes qu'elles formulent avec les vœux émis par les conseils généraux. La constitution a voulu encore que, « *dans l'intervalle de ses sessions, ce corps inamovible et indépendant eût assez de loisir pour parcourir le pays, s'informer de ses besoins et formuler ensuite des projets de lois qui en seraient l'expression* (2). *Elle a voulu qu'au moyen de cette enquête locale, faite par chacun de ses membres, avec*

---

(1) Lettre de M. Billault, ministre de l'intérieur, à l'empereur, 10 février 1856.

(2) *Article 30 de la constitution :* « Le Sénat peut, dans un rapport adressé à l'empereur, poser les bases des projets de lois d'un grand intérêt national. »

Voir le décret du 3 février 1861. — Règlement du Sénat, de l'article 24 à l'article 29.

l'ascendant de sa situation, ce corps pût éclairer sans cesse le Gouvernement sur l'état moral et matériel de la société.

« ... Il dépend du Sénat de rendre ses loisirs plus utiles que ne l'étaient les travaux de l'assemblée dont il occupe la place au Luxembourg. C'est d'ailleurs avec une intention calculée que la constitution de 1852 lui a donné du temps. Le temps c'est l'étude, c'est l'observation, c'est la réflexion, c'est l'enquête incessante de tout ce que réclament la moralisation du peuple, son bien-être, les intérêts de l'agriculture, les développements du travail et du crédit, la prospérité et la sécurité de la France.

« Le temps, pour des hommes d'État, c'est la puissance de chercher le bien, de le découvrir, de le préparer, de le proposer, de le défendre, de l'accomplir. Le temps, c'est ce qui manquait aux assemblées parlementaires (1), ce qui manque encore et ce qui manquera toujours aux ministres accablés de tant de soins et de responsabilité· Quelle plus grande force pouvait être donnée à une assemblée qui, ayant le droit d'initiative, a le pouvoir de faire réussir tout ce qui est vraiment utile. . . . .

« ...Le Sénat ne descend à son rôle d'observation que pour remonter ensuite à son rôle de haute protection de tous les intérêts de la société. Modérateur du Gouvernement s'il s'emporte, instigateur s'il s'endort, le Sénat exerce une influence toujours active sur sa marche. . . . . .

« La constitution, en un mot, a voulu que le Sénat ne

---

(1) Le temps ne manque pas plus au Corps législatif qu'au Sénat, puisque ses sessions ne durent que quatre ou cinq mois, comme celles du Sénat; les membres de l'assemblée élective sont en rapports constants et intimes avec leurs électeurs, c'est-à-dire avec le pays tout entier, pendant l'intervalle des sessions. L'empereur a compris, en 1860, que personne ne pourrait l'éclairer mieux que les députés, sur les besoins et les vœux du pays dont ils sont l'organe, et il leur a rendu l'adresse, qui leur permet chaque année, au début de la session, de proposer au Gouvernement les progrès, les améliorations réelles réclamées par l'opinion publique.

fût placé si haut dans la hiérarchie constitutionnelle et dans une sorte d'indépendance vis-à-vis des autres pouvoirs et du Gouvernement lui-même, que pour signaler avec plus d'autorité à la sollicitude de l'empereur tout ce qui peut contribuer à la gloire de son règne et au progrès de la civilisation.

« Le Sénat a-t-il bien compris lui-même toute l'importance de sa haute mission (1)? »

A cette question posée en 1856 par le journal officiel, nous ne ferons pas de réponse, nous nous contenterons d'emprunter aux *Lettres sur la constitution*, de M. Latour-du-Moulin, l'énumération, bien peu étendue, du reste, des projets émanés de l'initiative du Sénat :

« A l'exception d'un rapport concernant les Enfants trouvés, auquel il n'a point été donné suite, et du Code rural, dont le premier livre a été seul achevé (2), aucun des projets de lois d'un grand intérêt national, qui sont pour le Sénat un monopole, n'a été élaboré par lui. »

Ce résultat n'a rien qui doive surprendre. De la sphère élevée où ils se trouvent placés, les sénateurs, ne peuvent apercevoir les progrès et les améliorations que désire le pays. *L'ascendant de leur situation* les rend les arbitres et les organes de nombreux intérêts privés, mais, en même temps, les met à l'abri des renseignements trop véridiques qui pourraient les éclairer sur les besoins du pays et l'état réel de l'opinion publique.

---

(1) *Moniteur* du 11 janvier 1856.

(2) A propos de cette loi, une question de principe s'est élevée : à savoir si le Sénat avait le droit d'entrer dans tous les détails de la loi, ou seulement d'en rédiger les bases principales. Le Sénat, seul interprète de la constitution, était juge dans sa propre cause ; mais, d'un autre côté, les sénatus-consultes n'étant exécutoires qu'après avoir reçu la sanction du Gouvernement, le conflit était insoluble. Le Gouvernement a éludé la difficulté en chargeant directement le Conseil d'État de préparer un projet complet de code rural.

Comment donc auraient-ils formulé, en projets de lois, l'expression de besoins, de vœux qu'ils ne connaissent pas, qu'ils ne peuvent pas connaître?

L'article inséré au *Moniteur* le 11 janvier, et la lettre adressée, un mois après, à l'empereur par M. Billault, ministre de l'intérieur, furent les dernières tentatives faites par le Gouvernement pour inviter le Sénat à user (1) de son droit d'initiative, pour chercher à donner la vie et le mouvement à l'une des conceptions de la constitution primitive. Bientôt, sur ce point, comme sur tant d'autres, l'empereur, n'hésita pas à abandonner l'idée de 1852, et, tout en laissant au Sénat le droit de poser les bases des projets de lois d'un grand interêt national, tout en lui accordant le droit de lui faire connaître chaque année, par une adresse, son sentiment personnel sur les affaires du pays et la politique du Gouvernement, il lui retira le monopole du droit d'initiative.

Par le décret du 24 novembre 1860, il rendit aux mandataires élus de la nation, en communion constante d'idées et d'intérêts avec elle, le droit d'initiative, le droit de lui faire connaître chaque année les vœux et les besoins de la France, l'opinion du pays sur la politique suivie par le Gouvernement.

Et, pour que sa pensée ne fût douteuse pour personne, il disait à ses ministres en prenant cette résolution : *Je veux connaître l'opinion du pays par l'organe de ses députés après qu'ils auront examiné mes actes* (2).

---

(1) Le Sénat n'a pas encore abusé, d'autres ont dit qu'il n'avait pas assez usé de ses priviléges. — (Latour-du-Moulin, *Lettres sur la c.*)

(2) Discours de M. de Morny, président du Corps législatif, le 5 février 1861.

« Ce que l'empereur attend de vous, c'est une appréciation libre et sincère des actes de son Gouvernement, et je ne puis résister au désir de répéter

Nous avons parcouru le cercle des attributions exercées par le Sénat, dans les temps ordinaires; nous avons vu que, gardien du pacte fondamental des libertés publiques et de l'intégrité du territoire, il pouvait s'opposer à la promulgation de toute loi portant atteinte, à quelqu'un des grands intérêts, à quelqu'un des principes sur lesquels repose la société moderne; qu'il avait le droit d'annuler tous les actes, qui lui étaient déférés ou dénoncés comme inconstitutionnels; qu'enfin le droit d'initiative et le droit d'adresse lui permettaient d'arrêter le Gouvernement quand il s'emporte, de le stimuler quand il s'attarde sur la route du progrès.

De plus, il est chargé de régler, par un sénatus-consulte, la constitution des colonies et de l'Algérie, de ces parties de la France qui, n'étant pas admises à jouir des franchises de la mère patrie, n'ont pas même le droit de nommer un député, pour défendre leurs intérêts au sein du Corps législatif.

Dans les temps extraordinaires, le Sénat a le droit d'accusation contre les ministres, le droit de s'opposer à la promulgation des lois, et enfin le droit d'annuler les actes du Gouvernement comme inconstitutionnels : telles sont les armes, remises entre ses mains, pour arrêter le Gouvernement, s'il s'engageait dans une voie dangereuse.

Si le Gouvernement, à la suite d'un dissentiment grave avec le Corps législatif, dissout l'assemblée élec-

---

dans cette enceinte les paroles que *l'empereur* nous a fait entendre au conseil le jour où il nous a fait part de ses intentions :

« Ce qui nuit à mon Gouvernement, nous a-t-il dit, c'est l'absence de « publicité et de contrôle. C'est là ce qui favorise la calomnie et engendre « les préventions. Je ne veux que le bien, je n'ai dans le cœur que des inten- « tions honnêtes; mais je puis me tromper, c'est pourquoi *je veux connaître* « *l'opinion du pays par l'organe de ses députés*, après qu'ils auront examiné « mes actes. »

tive, le Sénat, *jusqu'à une nouvelle convocation*, et sur
la proposition de l'empereur, pourvoit, par des mesures
d'urgence, à tout ce qui est nécessaire à la marche du
Gouvernement.

Ces pouvoirs législatifs, ainsi délégués temporairement
au Sénat, sont nécessairement limités par leur caractère
provisoire, et il n'est pas possible d'admettre que, dans
ce cas, le Sénat puisse prendre d'autres mesures que des
mesures *d'urgence*, et d'une urgence assez évidente pour
que leur défaut entravât la marche du Gouvernement,
dans l'intervalle des deux législatures.

Gardien du pacte fondamental, le Sénat a le droit de
régler, par sénatus-consultes, 1° tout ce qui n'a pas été
prévu par la constitution, et qui est nécessaire à sa
marche; 2° le sens des articles de la constitution qui peuvent donner lieu à différentes interprétations.

Si le droit de complément et d'interprétation de la constitution, est exclusivement de l'apanage du Sénat, ce droit
n'est pas absolu; le Gouvernement, en refusant de promulguer les sénatus-consultes, complétant ou interprétant
la constitution, peut les laisser à l'état de lettre morte,
y opposer son *veto* tacite.

Le Sénat peut, *seul*, enfin, modifier le pacte fondamental, et si, pour le faire, il a besoin du consentement du
Gouvernement, celui-ci ne peut, sans le concours du Sénat,
apporter, légalement, aucune modification au texte de la
constitution.

Pour qu'une modification à la constitution soit possible, l'accord du Gouvernement et du Sénat est donc
nécessaire, car, à cet égard, ils ne peuvent rien l'un sans
l'autre; mais si la modification proposée à la constitution
touche à l'une des bases fondamentales votées par le
peuple français en 1851, l'accord du Gouvernement et du
Sénat ne suffit plus; il faut, pour que cette modification

puisse avoir force de loi, qu'elle reçoive la sanction souveraine du suffrage universel.

Notre constitution a eu la sagesse de se déclarer perfectible : c'est la garantie la plus efficace de sa durée ; elle peut marcher et se perfectionner chaque jour, et l'immobilité n'appartient qu'aux institutions qui doivent périr ; elle peut s'adapter progressivement aux changements profonds que le temps amène dans les intérêts et dans les opinions, elle a donc laissé aux améliorations une assez large voie, pour qu'il y ait, dans les grandes crises, d'autres moyens de salut que l'expédient désastreux des révolutions.

La constitution, a donné au Sénat, seul, le droit d'apporter au pacte fondamental les modifications devenues nécessaires, par suite des changements survenus dans les intérêts et dans les opinions.

Mais qui pourra éclairer le Sénat sur la nécessité même des modifications réclamées par l'opinion publique, si ce n'est les citoyens, par la voie des pétitions, des meetings, de la presse périodique ou non périodique, et enfin par l'entremise de leurs députés, *organes des vœux du pays ?*

« *Pour perfectionner une constitution*, disait M. de Boissy dans le dernier discours qu'il lui ait été donné de prononcer au Sénat, *nous ne sommes pas sorciers : il faut qu'on nous indique les perfectionnements désirés. A nous d'examiner s'ils sont raisonnables ou non. Si nous disons à tout le monde : « Silence ! » comment entendrons-nous, comment connaîtrons-nous les vœux du pays ? Ce sera impossible !* »

Le Sénat a cru devoir passer outre à ces objections (1),

---

(1) S'il s'agissait seulement, d'empêcher de remettre sans cesse en question les bases mêmes de notre édifice constitutionnel, en agitant chaque jour la question de la légitimité de la monarchie, de l'hérédité, etc., il était

dont la valeur capitale ne saurait être contestée, et le sénatus-consulte voté par lui le 15 juillet 1866 décide :

Que toute pétition ayant pour objet une modification ou une interprétation de la constitution ne pourra recevoir aucune publicité préalable et ne pourra être *lue* en séance publique, à moins d'avoir été autorisée par trois bureaux sur cinq, c'est-à-dire par la majorité du Sénat;

Que cette pétition, eût-elle eu cette bonne fortune, bien rare, d'être admise à être rapportée en séance publique, ne pourra néanmoins être rendue publique, autrement que par le compte rendu officiel de la séance dans laquelle elle aura été rapportée;

Que toute discussion, ailleurs qu'au Sénat (1), est inter-

---

facile de parer à ces dangers, invoqués par M. Rouher, à l'appui du sénatus-consulte; il suffisait, en effet, de mettre en dehors et au-dessus de toute discussion les bases fondamentales votées par le peuple français en 1851 et en 1852.

(1) La constitution ne peut être discutée par *aucun pouroir public* autre que le Sénat, dit M. Troplong dans son rapport; par *aucun pouroir public*, c'est-à-dire pas plus par le *Gouvernement* que par le *Corps législatif*.

Nous lisons dans le compte rendu de la séance du 15 juillet 1866 :

MARQUIS DE BOISSY. — Il est interdit aux députés de dire leur opinion sur certains articles de la constitution.

PLUSIEURS SÉNATEURS. — Sur tous les articles.

BARON DE CHAPUYS-MONTLAVILLE. — Ils n'ont pas ce droit-là!

MARQUIS DE BOISSY. — Ce n'est pas leur droit' Permettez... vous voulez le leur enlever.

BARON DE CHAPUIS-MONTLAVILLE et PLUSIEURS AUTRES SÉNATEURS, *vivement*. — Ils ne l'ont jamais eu. Ils ont discuté la constitution, mais ils n'en avaient pas le droit; *c'était une usurpation*.

D'après les sénateurs qui interrompirent M. de Boissy, M. le ministre d'État commettait *une usurpation* quand il disait au Corps législatif : « Que l'on me fasse toutes les questions qu'on voudra *au sujet de la constitution*, je suis prêt à répondre. » Et les députés qui répondaient à son appel commettaient aussi *une usurpation*. Et lorsque *le Moniteur* du 11 janvier 1856 reprochait au Sénat de s'être laissé entraîner à faire ce que font toujours les pouvoirs nouveaux, c'est-à-dire à emprunter, dans la pratique de la constitution nouvelle, quelque chose aux pouvoirs qu'ils ont remplacés, lorsque enfin, il lui posait cette question, au moins indiscrète : *Le Sénat a-t-il bien compris lui-même toute l'importance de sa haute mission?* l'organe officiel du Gouvernement ne commettait-il pas aussi *une usurpation*, en interprétant, à l'usage du Sénat, une constitution que le Sénat a seul le droit d'interpréter?

dite, si elle a pour objet *la critique* ou la modification de la constitution ;

Que cette discussion ne pourra être publiée ou reproduite, ni par la presse périodique, ni par des affiches, ni par des écrits non périodiques ayant moins de dix feuilles d'impression.

Nous reconnaissons qu'en édictant ces dispositions, le Sénat n'outrepassait pas son droit, bien qu'il l'épuisât, en interdisant au Corps législatif une discussion qu'il n'a aucun moyen de l'empêcher d'aborder.

Quelle peut être, en effet, la sanction d'une semblable prescription ?

La loi du 17ᵉ mai 1819 ne dit-elle pas que les discours, tenus dans le sein d'une des deux chambres, ne peuvent donner ouverture à aucune action ?

Mais lorsque le Sénat a déclaré que toute infraction, par la voie de la presse, aux prescriptions susénoncées serait punie d'une amende de 500 fr. à 10,000 francs, n'a-t-il pas, en établissant cette pénalité, outrepassé ses droits, légiféré, c'est-à-dire empiété sur le domaine du Corps législatif, seul pouvoir public qui ait le droit de voter *les lois ?*

Le rapport du projet de sénatus-consulte a invoqué un précédent ; il a rappelé qu'après avoir fait du dépôt préalable d'un serment par écrit la condition de toute candidature à la députation, le sénatus-consulte du 18 février 1858 avait établi une pénalité, comme sanction de ses prescriptions (1).

---

(1) Sénatus-consulte du 17 février 1858 : « Toute publication, distribution ou tout affichage antérieur (au dépôt du serment) *seront punis des peines* portées par l'article 6 de la loi du 27 juillet 1849. »

Voici les peines édictées par cet article 6 : « Les contrevenants seront condamnés par les tribunaux correctionnels à un emprisonnement d'un mois à six mois et à une amende de 25 francs à 500 francs. »

Suffirait-il, pour établir le droit du Sénat, de rappeler après M. Troplong la disposition du sénatus-consulte du 17 février 1858, et de dire avec lui : *Les précédents doivent rassurer le Sénat, sa jurisprudence est faite ?*

S'il est vrai que le Sénat ait une première fois empiété sur le domaine du Corps législatif, ce premier empiétement serait-il, en aucune façon, la justification d'un second empiétement de même nature, et ne serait-ce pas une singulière jurisprudence que celle qui s'établirait sur une série d'usurpations successives ? Objectera-t-on, qu'aucune opposition n'a été faite à l'application de la disposition du sénatus-consulte de 1858, et que, si nous voulons protester aujourd'hui contre elle, il est trop tard, il y a prescription ? Nous répondrons que, constitutionnellement, nul pouvoir n'avait ni le droit ni la faculté de *faire opposition* à l'application de cette disposition, constituât-elle une usurpation du Sénat, et qu'en fût-il autrement, il ne saurait y avoir de prescription contre le droit.

M. Troplong, du reste, ne s'est pas borné à invoquer un précédent qui pouvait, lui-même, être frappé de la même invalidité que la disposition nouvelle proposée à l'acceptation du Sénat, il s'est posé l'objection suivante : il s'est demandé, avec juste raison, si une assemblée, chargée uniquement d'un rôle conservateur, avait compétence pour *faire une loi*, alors qu'il est de principe qu'une peine ne peut être prononcée que *par une loi;* et voici la réponse qu'il a donnée à cette objection capitale :

« D'abord, un sénatus-consulte est *une loi*, dans le sens le plus large ; il est *une loi d'un ordre particulier et supérieur.* Il ordonne, il défend, il permet; il établit des engagements communs à toute la nation, et il rentre par là dans la définition que le célèbre jurisconsulte Papinien donne de la loi : *Lex est communis reipublicæ sponsiæ.*

« Ce n'est pas tout : *le sénat est, dans son union avec l'empereur, un pouvoir souverain.* Or, la souveraineté d'un pouvoir a pour corollaire la faculté de donner la sanction à ce qu'il prescrit. Sans cette sanction, ce pouvoir ne serait pas souverain. Il ordonnerait sans être obéi, il parlerait et ne serait pas écouté. Il descendrait à l'état de subordonné.

« Le Sénat peut donc établir des peines comme sanction de ses prescriptions. Il le peut, disons-nous, d'abord parce que ces peines ne sont que l'accessoire d'une disposition principale qui est exclusivement de sa compétence et à laquelle il faut assurer l'obéissance; ensuite, parce que le sénatus-consulte est *une loi* véritable, et que l'une des vertus de *la loi* c'est de punir. *Legis virtus hæc est... punire.* »

M. Troplong s'est-il bien rendu compte de la confusion faite, par lui seul, et non par la constitution (1), entre les sénatus-consultes et les lois? entre les sénatus-consultes, posant des principes, et les lois, édictant des peines contre les infractions à ces principes?

N'est-il pas *de principe*, qu'aucune peine ne peut être prononcée que par *une loi?* N'est-il pas de droit constitu-

---

(1) ART. 10 *de la constitution*. L'empereur sanctionne et promulgue *les lois et les sénatus-consultes*.

ART. 39. Le Corps législatif discute et vote *les projets de lois* et l'impôt.

ART. 27. Le Sénat règle par *un sénatus-consulte*.

ART. 31. Il y est statué par *un sénatus-consulte*.

ART. 30. Le Sénat peut poser les bases *des projets de lois* d'un grand intérêt national.

ART. 25. *Aucune loi* ne peut être promulguée sans avoir été soumise au Sénat.

Bases proposées à l'acceptation du peuple en 1851 :

Un Conseil d'Etat *préparant les lois* et en soutenant la discussion devant le *Corps législatif;*

Un Corps législatif discutant et votant *les lois;*

Une seconde assemblée (le Sénat), pouvoir pondérateur, gardien du pacte fondamental et des libertés publiques.

tionnel pour nous, que le Corps législatif peut seul voter *une loi ?*

Pas une ligne de la législation ne peut être changée sans l'assentiment du Corps législatif (1) ; le Gouvernement le proclame et M. Troplong le reconnaît sans doute.

Et ce ne serait pas changer une ligne à la législation, que de *créer un délit,* que d'édicter une peine contre un fait, *innocent* aujourd'hui, et qu'un sénatus-consulte, demain, déclarera *coupable ?*

Cela ne supporte pas la discussion : aussi, pour établir le droit du Sénat à affirmer, par un nouveau fait, sa *jurisprudence,* M. Troplong n'hésite-t-il pas à éliminer de la création constitutionnelle de 1852 un des trois grands pouvoirs, le Corps législatif.

« *Le Sénat,* dit-il, *est dans son union avec l'empereur un pouvoir souverain ; or, la souveraineté d'un pouvoir a pour corollaire la faculté de donner une sanction à ce qu'il prescrit,* » la faculté, par conséquent, de faire *des lois,* d'édicter par sénatus-consulte, *un code pénal nouveau.* »

En revendiquant ainsi pour le Sénat le droit de faire *des lois,* M. Troplong ne s'inspire-t-il pas des souvenirs d'un autre temps, de l'exemple d'un autre Sénat votant le contingent, votant les impôts, alors que la constitution réservait aussi au Corps législatif le droit exclusif de voter *les lois ?*

Une première fois, cette assemblée, *vu l'urgence des circonstances* avait, en 1805, cru pouvoir suppléer le Corps législatif, en votant le contingent à sa place. Ce précédent d'*une loi d'un ordre particulier et supérieur,* pouvant remplacer *une loi* votée par le Corps législatif, fut invoqué en 1806 ; en 1807 ; et jusqu'à la fin du pre-

---

(1) M. le ministre d'État ; Corps législatif, séance du 19 mars 1866.

mier empire, le Sénat vota le contingent et l'impôt.

En agissant ainsi, le Sénat n'empiétait-il pas sur le domaine du Corps législatif, ne commettait-il pas *une usurpation?* Mais que pouvait faire le Corps législatif contre cette usurpation? N'est-ce point ici le lieu de rappeler les paroles du représentant Thibaudeau, combattant l'établissement de la jurie constitutionnaire de Sieyès, idée première d'un Sénat, gardien de la constitution?

« On dit que la jurie de Sieyès retiendra les autres pouvoirs dans leurs limites respectives, soit! Mais si la jurie sort des siennes, *qui est-ce qui réprimera son usurpation?* »

Sans doute, M. Troplong est loin de songer à revendiquer pour le Sénat le vote du budget et du contingent; mais, à notre avis, la confusion qu'il fait, entre les sénatusconsultes et les lois, l'entraîne sur une pente glissante et dangereuse.

Nous nous trompons peut-être en pensant que le Sénat, pouvoir *exclusivement occupé de l'examen des grands intérêts et de l'application des grands principes* (1), n'a pas qualité pour faire les lois, pour *édicter un code pénal.*

Mais, si nous ne nous trompons pas, si le Sénat commet une usurpation, en édictant une pénalité, nous le demandons à M. Troplong lui-même : *Qui est-ce qui réprimera son usurpation?*

---

(1) Proclamation au peuple français, 14 janvier 1852.

CONCLUSION

En commençant cette étude sur la constitution de 1852,
nous avons posé cette affirmation : qu'une constitution
n'avait pas une valeur absolue, pouvant être appréciée
à priori, en dehors de toute application et de tout fonctionnement ; qu'au contraire cette valeur, toute relative,
recevait sa détermination de l'esprit dans lequel cette
constitution était mise en œuvre, et des conditions du
milieu social dans lequel elle était appelée à fonctionner.

Nous voici parvenu au terme du travail que nous nous
étions imposé, et nous croyons que l'examen auquel nous
nous sommes livré aura, pour tout esprit impartial, établi,
d'une manière incontestable, la vérité de cette affirmation.

Qu'avons-nous vu en effet? Deux constitutions rédigées
en termes presque identiques, ayant une commune origine
et n'ayant, ni l'une ni l'autre, pris la liberté pour base,
être mises en œuvre par deux souverains, animés d'un
esprit bien opposé, et fonctionner dans un milieu social,
dont les conditions se trouvaient être profondément dis-
semblables. De ces deux constitutions, si près de paraître
semblables en dehors de toute application et de tout
fonctionnement, la première, la constitution de l'an VIII,
a abouti au despotisme le plus entier, le plus absolu ; la

seconde, la constitution de 1852, se développe progressivement dans un sens libéral et aboutit fatalement au complet épanouissement de toutes les libertés affirmées en 1789.

Nous avons vu que ce qu'avait voulu la France en acclamant l'empire à la fin de 1852, que ce qu'elle avait voulu en 1863, au moment des élections générales, c'était, ce qu'elle veut encore aujourd'hui, *la paix et la liberté !*

La paix, l'empereur la voulait avec le pays tout entier quand, le 5 novembre 1863, il disait : *Entretiendrons-nous toujours de mutuelles défiances par des armements exagérés? Les ressources les plus précieuses doivent-elles indéfiniment s'épuiser dans une vaine ostentation de nos forces?*

La paix, les 42 la voulaient aussi en 1865, lorsqu'ils demandaient la réduction du contingent annuel (1), car ils savaient que la réduction des armements exagérés, qui épuisent nos plus précieuses ressources, et des contingents élevés, qui enlèvent trop de bras aux campagnes, que cette réduction peut seule donner au Gouvernement la possibilité d'entreprendre les fécondes conquêtes de la paix ; que cette réduction peut seule lui permettre : d'achever nos routes, nos canaux et nos voies ferrées, d'améliorer la situation précaire de nos instituteurs et de nos insti-

---

(1) Avaient voté pour la réduction du contingent, le 4 mai 1865 :
MM. Ancel, d'Andelarre, Barbet, Bartholoni, Berryer, Bethmont, de Boigne, Brame, Buffet, Carnot, de Chambrun, N. de Champagny, Chevandier de Valdrôme, de Chiseuil, Curé, Darimon, Dorian, Eschasseriaux, Jules Favre, Garnier, Garnier-Pagès, Gellibert des Séguins, Glais-Bizoin, de Grammont, Guéroult, la Guistière, Haentjens, Hallez-Claparède, Havin, Hénon, de Janzé, Kolb-Bernard, Lambrecht, Lanjuinais, Latour-du-Moulin, Le Clerc d'Osmonville, Lespérut, Magnin, Malézieux, Marie, Marmier, Martel, de Morgan, Morin, Ollivier, de Parieu, Pelletan, Picard, Piéron-Leroy, de Piré, Pissard, Planat, de Plancy, Plichon, Pouyer-Quertier, de Rambourgt, de Ravinel, Maurice Richard, Rolle, des Rotours, Jules Simon, Stiévenart-Béthune, de Torcy, de Wendel.

tutrices, d'accroître le nombre des écoles, et, en même
temps, d'alléger les lourdes charges que l'impôt fait peser
sur notre agriculture ; qu'elle peut seule, enfin, rétablir
l'équilibre réel de nos finances.

La liberté, l'empereur la promettait, dès le lendemain
de la proclamation de l'empire, en l'ajournant au temps
prochain où nos institutions seraient consolidées ; il l'affirmait en 1860, par le grand acte du 24 novembre, point
de départ d'une ère progressive et libérale, qui n'aurait
pas de raison d'être, si elle ne devait aboutir au développement complet de toutes ces libertés.

La liberté, les quarante-deux l'affirmaient aussi, l'année
dernière, en se faisant les interprètes des aspirations
libérales du pays, en demandant que le Gouvernement se
remît en marche et fît un nouveau pas en avant, dans la
voie féconde inaugurée par le décret du 24 novembre 1860.

La paix et la liberté, l'opinion publique les réclame
encore aujourd'hui comme par le passé, et malgré notre
échec de l'an dernier, au Corps législatif, malgré les
bruits contraires, qui naissent chaque année à l'approche
de l'ouverture des sessions, nous espérons que l'empereur,
demain, si ce n'est aujourd'hui, affirmera de nouveau, par
un acte viril, qu'il ne veut, comme nous, comme le pays
tout entier, autre chose que *la paix* et *la liberté*. Cette
espérance, que je voudrais faire partager à tous, je l'ap-
puie, sur les raisons mêmes qu'en 1865, mon collègue
M. Émile Ollivier invoquait pour motiver son vote de
l'adresse, qu'il qualifiait de vote *d'espérance :*

« Pour motiver mon espérance, j'invoque plus que des
paroles, j'invoque des actes. L'empereur est le premier
souverain qui ait déclaré sa constitution perpétuellement
modifiable ; et il ne s'est pas contenté de l'écrire, il a agi
en conséquence, et déjà il ne reste presque plus rien de
la constitution primitive.

« L'empereur est le premier aussi qui n'ait jamais hésité à accorder satisfaction à toute expression vive d'un sentiment public. Puis-je oublier qu'il est allé en Italie avec le dessein d'établir une fédération et qu'il y a laissé l'unité? Puis-je oublier qu'après avoir débuté en protectionniste, il a fait le traité de commerce? Puis-je oublier que, tandis que son premier ministre de l'instruction publique semblait avoir pour mission de comprimer l'instruction populaire, son ministre actuel, M. Duruy, en a porté l'amour jusqu'au superflu? (Hilarité et mouvements divers.) Puis-je oublier qu'après avoir méconnu au Mexique et en Italie le principe de non-intervention, aujourd'hui il le revendique plus encore que l'Angleterre? Puis-je oublier qu'après avoir fait soutenir que la loi contre les coalitions était parfaite, qu'une loi sur les associations ouvrières était inutile, qu'une enquête sur la banque serait dangereuse, il nous a fait présenter une loi qui autorise les coalitions, il nous a promis une loi qui favorise les associations ouvrières, et il a ordonné une enquête sur la banque?

« Enfin, messieurs, si l'empereur n'est pas entraîné par ses paroles, par ses actes antérieurs, est-il possible qu'il reste plus longtemps insensible à ce que lui conseille sa propre tradition? Ah! je comprends très-bien que les contempteurs de Napoléon Ier prétendent que l'acte additionnel n'était que la ruse d'un tyran aux abois, que les conversations de Sainte-Hélène ne sont que les hypocrisies d'un vaincu qui, après avoir échoué dans le présent, essaye de séduire et de tromper l'histoire. Mais ceux qui sont les héritiers de son nom ne peuvent pas penser ainsi. Pour eux, l'acte additionnel doit être la pensée organique du grand homme, tout ce qui a précédé n'étant considéré que comme une concession faite aux nécessités passagères de la guerre. Or, l'acte additionnel

contient toutes les garanties que nous réclamons, et,
comme l'a dit l'honorable M. Thiers, c'est la meilleure
constitution que la France ait obtenue dans la longue
série de ses révolutions.

« Je veux donc espérer. »

Mais on nous dit : Oui le pays veut la paix et la liberté,
oui l'empereur n'a jamais hésité à accorder satisfaction à
toute expression vive d'un sentiment public; mais depuis quelques mois des faits de guerre ont modifié la
carte du continent; la France, il est vrai, n'a pas à s'alar-
mer des grands changements qui viennent de s'accomplir en Europe, mais pour garder son rang dans le monde,
il faut qu'elle songe non plus à se replier sur elle-même,
en réduisant les improductives dépenses de la guerre,
mais au contraire à réformer et à *fortifier* ses institutions
militaires.

Comment! alors que nous n'avons pas à nous inquiéter
des changements survenus en Europe, alors que nul ne
nous menace, il faudrait, en vue d'un danger imaginaire,
nous ruiner en armements exagérés, épuiser le pays en
mettant en coupe réglée les jeunes générations de la
France ?

Et pourquoi en agirions-nous ainsi?

Les défiances étrangères, qu'on invoque comme devant
créer ce danger éventuel et peut-être purement imaginaire, ces défiances disparaîtront-elles si nous faisons une
vaine ostentation de nos forces? Au contraire, ne s'éva-
nouiront-elles pas d'elles-mêmes, le jour où nous renon-
cerons franchement à nous épuiser d'hommes et d'argent,
le jour où nous désarmerons en arborant hautement le
drapeau de la paix et de la liberté ?

Ce qu'il faut opposer à l'attrait de la force heureuse et
triomphante un moment, c'est l'attrait de notre génie

libéral! l'influence légitime que la France veut seule exercer sur le monde, c'est l'influence des idées; et qui peut
la lui assurer, si ce n'est le rayonnement irrésistible de
la liberté ?

Malheureusement, s'il faut s'en rapporter à la rumeur
publique, l'heure de la liberté n'aurait pas encore sonné
au cadran gouvernemental, et le projet de loi sur la réorganisation de l'armée, que *le Moniteur* a publié, nous
montre, qu'au lieu de songer à réduire l'armée, on pense
à prendre tous les Français pour en faire des soldats, alors
que l'enquête agricole vient de constater la véritable
disette de bras dont souffrent et notre agriculture et nos
industries.

Le Gouvernement sait-il autre chose sur l'effet produit
par ce projet de loi que ce que lui en a dit la presse, écho
des classes éclairées? Mais la lumière ne s'est encore
faite qu'à la surface du pays; il faut du temps, dans les
pays où le droit de réunion n'existe pas, où la parole vivante et libre ne peut pas agiter et éclairer les questions
devant les assemblées populaires, pour que la lumière des-
cende jusque dans les dernières couches de la nation, dans
les masses. Ces masses silencieuses et profondes, jusqu'à
quel point ira leur antipathie pour une loi de salut public
que ne semble pas justifier le danger de la patrie? Le
Gouvernement l'ignore comme nous, mais il sait quelles
conséquences peut avoir l'antipathie des masses pour une
loi; il n'ignore pas que le souvenir des quarante-cinq centimes est encore vivant dans la mémoire du peuple.

Si le pays doit se préparer à des luttes possibles, quoique
improbables, à la défense du territoire national qui peut
être menacé un jour, s'y préparera-t-il utilement en
s'épuisant d'hommes et d'argent d'avance, et peut-être
pendant de longues années? Au contraire, n'est-il pas
plus sage, pour le pays, d'épargner dans de telles prévi-

sions d'avenir, des hommes et de l'argent, pour être prêt, en cas de danger de la patrie, à donner au Gouvernement, pour une telle cause, jusqu'à son dernier homme et son dernier écu ?

Ne vaut-il pas mieux réduire, dès aujourd'hui, au plus strict nécessaire des besoins de la paix, le chiffre des dépenses du département de la guerre et le nombre des soldats retenus sous les drapeaux? Ne vaut-il pas mieux laisser les citoyens chez eux libres de travailler, de produire, de se marier, en se contentant de leur faire donner dès l'enfance, dans les écoles et dans les lycées, et à l'âge d'homme, tous les dimanches, au chef-lieu de canton, un mois par an au chef-lieu de département, une instruction militaire suffisante?

Que l'empereur fasse dans la voie libérale le nouveau pas réclamé de lui par l'opinion publique, qu'il retire le projet de réorganisation militaire, qui a si profondément ému le pays, et, qu'en réduisant hardiment le chiffre de l'armée et les dépenses de la guerre, il affirme hautement aux yeux de la France et de l'Europe la paix et la liberté!

Ce jour-là, il aura donné une nouvelle consécration à la solidarité des destinées de la nation et de la dynastie impériale, et écarté des éventualités de l'avenir la possibilité des révolutions violentes.

FIN

POST-SCRIPTUM

Ce travail était à l'impression quand ont paru au *Moniteur* la lettre de l'Empereur au ministre d'État et le décret du 19 janvier dont nous donnons le texte ci-après.

Ce décret, qui est la plus complète justification des idées émises dans ce travail et l'adhésion la plus entière du Gouvernement à la politique des Quarante-Deux, est suivi de la publication d'une note qui atteste toute l'importance de l'évolution qui vient de s'accomplir.

Cette note est ainsi concue : « *Tous les ministres ont déposé aujourd'hui leur démission entre les mains de l'Empereur.* »

Constitutionnellement, le ministère avait le droit de rester au pouvoir; moralement, il reconnaît qu'il est responsable devant l'opinion publique, que sa responsabilité est solidaire, et il se retire tout entier le jour où le Gouvernement change la ligne de sa politique.

Le décret du 19 janvier est donc un événement considérable ; sans doute il supprime l'adresse, et cette suppression peut un instant prêter à de fausses interprétations, quoique l'adresse soit utilement remplacée par le droit d'interpellation, soumis à l'autorisation non de la majorité, mais *de la minorité* de la Chambre, utilement remplacée aussi par le droit d'amendement, dont l'importance s'est notablement accrue depuis le sénatus-consulte du 15 juillet 1866; sans doute ce décret ne donne pas satisfaction à tous nos désirs; sans doute, enfin, il nous est impossible de considérer les concessions faites aujourd'hui comme *l'achèvement* du couronnement de l'édifice !

Mais nous ne marchandons pas notre approbation au Gouvernement, alors qu'il nous donne une nouvelle preuve de la sagesse avec laquelle il a toujours accordé satisfaction à toute expression vive d'un sentiment public.

C'est un grand acte que cette affirmation nouvelle de la liberté par le souverain de la France, que cette affirmation faite par lui au moment même où l'Europe tout entière semblait en venir au régime des dictatures militaires.

Les amis sincères de la liberté, qui savent qu'à chaque jour suffit sa tâche, et que le couronnement d'un édifice ne peut se faire que pierre par pierre, seront profondément reconnaissants de ce nouveau décret du 24 novembre, et nous sommes convaincu que le pays tout entier rendra un juste et légitime hommage aux libérales dispositions émanées de la sage et haute initiative de l'Empereur.

De Janzé, député.

Paris, 20 janvier 1867.

L'empereur a adressé au ministre d'État la lettre suivante :

, Palais des Tuileries, le 19 janvier 1867.

« Monsieur le ministre,

« Depuis quelques années on se demande si nos institutions ont atteint leur limite de perfectionnement ou si de nouvelles améliorations doivent être réalisées; de là une regrettable incertitude qu'il importe de faire cesser.

« Jusqu'ici vous avez dû lutter avec courage en mon nom pour repousser des demandes inopportunes et pour me laisser l'initiative de réformes utiles lorsque l'heure en serait venue. Aujourd'hui, je crois qu'il est possible de donner aux institutions de l'empire tout le développement dont elles sont susceptibles et aux libertés publiques une extension nouvelle sans compromettre le pouvoir que la nation m'a confié.

« Le plan que je me suis tracé consiste à corriger les imperfections que le temps a révélées et à admettre les progrès compatibles avec nos mœurs, car gouverner c'est profiter de l'expérience acquise et prévoir les besoins de l'avenir.

« Le décret du 24 novembre 1860 a eu pour but d'associer plus directement le Sénat et le Corps législatif à la politique du Gouvernement, mais la discussion de l'adresse n'a pas amené les résultats qu'on devait en attendre ; elle a, parfois, passionné inutilement l'opinion, donné lieu à des débats stériles et fait perdre un temps précieux pour les affaires; je crois qu'on peut, sans amoindrir les prérogatives des pouvoirs délibérants, remplacer l'adresse par le droit d'interpellation sagement réglementé.

« Une autre modification m'a paru nécessaire dans les rapports du Gouvernement avec les grands corps de l'État; j'ai pensé que, en envoyant les ministres au Sénat et au Corps législatif, en vertu d'une délégation spéciale pour y participer à certaines discussions, j'utiliserais mieux les forces de mon gouvernement, sans sortir des termes de la constitution, qui n'admet aucune solidarité entre les ministres et les fait dépendre uniquement du chef de l'État.

« Mais là ne doivent pas s'arrêter les réformes qu'il convient d'adopter : une loi sera proposée pour attribuer exclusivement aux tribunaux correctionnels l'appréciation des délits de presse et supprimer ainsi le pouvoir discrétionnaire du Gouvernement. Il est également nécessaire de régler législativement le droit de réunion en le contenant dans les limites qu'exige la sûreté publique.

« J'ai dit, l'année dernière, que mon Gouvernement voulait marcher sur un sol affermi, capable de supporter le pouvoir et la liberté. Par les mesures que je viens d'indiquer mes paroles se réalisent, je n'ébranle pas le sol que quinze années de calme et de prospérité ont consolidé, je l'affermis davantage en rendant plus intimes mes rapports avec les grands pouvoirs publics, en assurant par la loi aux citoyens des garanties nouvelles, en achevant enfin le couronnement de l'édifice élevé par la volonté nationale.

« Sur ce, monsieur le ministre, je prie Dieu qu'il vous ait en sa sainte garde.

« Napoléon. »

Napoléon,

Par la grâce de Dieu et la volonté nationale, empereur des Français,

A tous présents et à venir, salut :

Voulant donner aux discussions des grands corps de l'État, sur la politique intérieure et extérieure du Gouvernement, plus d'utilité et plus de précision,

Avons décrété et décrétons ce qui suit :

Art 1er. Les membres du Sénat et du Corps législatif peuvent adresser des interpellations au Gouvernement.

Art. 2. Toute demande d'interpellations doit être écrite ou signée par cinq membres au moins. Cette demande explique sommairement l'objet des interpellations ; elle est remise au président, qui la communique au ministre d'État et la renvoie à l'examen des bureaux.

Art. 3. Si deux bureaux du Sénat, ou quatre bureaux du Corps législatif émettent l'avis que les interpellations peuvent avoir lieu, la chambre fixe le jour de la discussion.

Art. 4. Après la clôture de la discussion, la chambre prononce l'ordre du jour pur et simple ou le renvoi au Gouvernement.

Art. 5. L'ordre du jour pur et simple a toujours la priorité.

Art. 6. Le renvoi au Gouvernement ne peut être prononcé que dans les termes suivants :

« Le Sénat (ou le Corps législatif) appelle l'attention du Gouvernement sur l'objet des interpellations. »

Dans ce cas, un extrait de la délibération est transmis au ministre d'État.

Art. 7. Chacun des ministres peut, par une délégation spéciale de l'empereur, être chargé, de concert avec le ministre d'État, les présidents et les membres du Conseil d'Etat, de représenter le Gouvernement devant le Sénat ou le Corps législatif, dans la discussion des affaires ou des projets de lois.

Art. 8. Sont abrogés les articles 1 et 2 de notre décret du 24 novembre 1860, qui statuent que le Sénat et le Corps législatif voteront tous les ans, à l'ouverture de la session, une adresse en réponse à notre discours.

Art. 9. Notre ministre d'État est chargé de l'exécution du présent décret.

Fait au palais des Tuileries, le 19 janvier 1867.

NAPOLÉON.

Par l'empereur :

> *Le ministre d'État*,
>
> E. ROUHER.

Note insérée au Moniteur *du 20 janvier.*

Quelques mots suffiront pour expliquer l'esprit et la portée du décret publié plus haut.

Le décret du 24 novembre 1860, en introduisant dans le jeu de nos institutions le vote annuel d'une adresse, a eu pour but d'associer plus directement les grands corps de l'État à la politique du Gouvernement. Cette mesure, qui devançait l'opinion, fut accueillie comme un nouveau et éclatant témoignage de l'initiative libérale du Souverain, et de sa volonté de fonder sur des bases solides le gouvernement représentatif.

Il ne saurait être question d'affaiblir le rôle important dont les Chambres se trouvent investies, mais, au contraire, de le rendre plus pratique et plus efficace, en le dégageant des imperfections que six années d'expérience ont permis de constater.

Les débats des Chambres sont incontestablement de nature à exercer une influence légitime et salutaire sur la marche des choses, lorsqu'ils ont pour résultat de mettre en lumière le sentiment public sur un intérêt réel et présent.

Mais tout le monde a été frappé de ce fait que les discussions de l'adresse tendent de plus en plus à s'écarter du cadre tracé par le discours de la couronne auquel il s'agit de répondre. Manquant alors de base précise et de sujet bien déterminé, elles courent le risque quelquefois de s'égarer dans la région vague des théories et des idées abstraites, d'autres fois de se perdre dans les plus infimes détails de l'administration. Dans ces conditions, elles sont exposées à s'étendre indéfiniment et à devenir plus propres à passionner les esprits qu'à élucider les questions et à favoriser beaucoup plus la parole que les affaires qu'elles privent d'un temps précieux.

Déjà leur durée prend des proportions qui ne pouvaient être dans les prévisions de personne, et que l'expérience du passé et celle des autres pays ne pouvaient pas faire pressentir (1).

---

(1) La discussion des lois ne commençant jamais avant le vote de l'Adresse, voici le temps employé à la préparation et à la discussion de l'Adresse depuis 1861 :

	OUVERTURE DE LA SESSION	VOTE DE L'ADRESSE	
1861....	4 fév.	22 mars.	1 mois 18 jours.
1862....	27 janv.	20 mars.	1 mois 23 jours.
1863....	12 janv.	12 fév.	1 mois.
1864....	5 nov.	29 janv.	2 mois 24 jours.
1865....	13 fév.	15 avril.	2 mois.
1866....	22 janv.	20 mars.	1 mois 28 jours.

TABLE

PARIS. — IMPRIMERIE L. POUPART-DAVYL, RUE DU BAC, 30.

9 782019 275006